Catalogue

d'une Collection choisie

d'Estampes,

composée des Chefs-d'oeuvre

des

Maîtres les plus célèbres anciens et modernes,

qu'a laissée

Monsieur le baron d'Asbeck, etc. etc.

et dont

la Vente publique aura lieu, le lundi 18. Octobre 1841 et jours suivants, de 3 heures de relevée jusqu'à 6 heures du soir, au Magazin d'Objets d'Art, Karlsstrasse Nro. 10, rez-de-chaussée,

CHEZ

JULES RENOUARD ET C.IE,

LIBRAIRES-ÉDITEURS,

ET LIBRAIRES-COMMISSIONNAIRES POUR L'ÉTRANGER,

rue de Tournon, n. 6, à Paris.

Les Exemplaires du présent Catalogue se distribuent gratis à Munich, et chez tous les principaux Marchands d'Estampes de la Baviére et de l'Etranger.

Landshut,

de l'imprimerie et librairie de Vogel.

Avant-propos.

Le catalogue que j'ai l'honneur de présenter au publique, est une collection d'eaux-fortes extrêmement précieuse qu'a laissée Monsieur le baron d'Asbeck. Il sera sans aucun doute accuelli avec empressement par tous les connoisseurs comme aussi par ceux qui aiment les beaux arts. En effet, il est à croire que de longtemps on ne touvera plus une telle occasion de se procurer de pièces aussi rares, qui sont d'une beauté et d'une conservation si parfaites, qu'elles semblent sortir de le presse. C'est dans cet état qu'il faut les voir, pour pouvoir juger du grand mérite du maître.

Quoique la collection de feu Monsieur le baron d'Aretin vendue en 1830 se soit acquis une grande célébrité, et que Messieurs les amateurs se servent ordinairement du catalogue de cette collection pour fixer les prix de leurs commissions, chose dificile et même impossible pour celui-ci, qui, j'en suis persuadé, se distinguera principalement par la qualité vraiment éminente

des pièces, et disputera ainsi par la plus grande
beauté de ses épreuves le rang que le catalogue
d'Aretin à maintenu jusqu'à ce jour.

Feu Monsieur le baron d'Asbeck, ne se refusant à aucun sacrifice, avait surtout en vue de ne se
procurer que les meilleures productions des maî-
tres reconnus classiques. Ce projet lui à parfaitement reussi, pour la plus grande partie,
comme on s'en assurera par la lecture de ce catalogue, rédigé avec le plus grand soin, et mieux
encore par l'éxamen de la collection elle même.

Je ne crains pas qu'on m'accuse d'éxagérer
la valeur de ces pièces, mon opinion ne faisant
qu'affirmer ce qu'en ont dit et jugé avant moi
des connoisseurs expérimentés. Il serait penible
au possesseur actuel, de voir se disperser un
recueil semblable, sans donner le temps nécessaire pour l'achat en totalité. La collection
étant arrangée chronologiquement, l'acquéreur
resp. aurait déja un beau commemement et ne
devrait qu'avoir soin, dans la continuation de
se tenir dans la route qui lui est clairement
tracée par ce qui forme déja la collection. Si
cependant la vente en détail a lieu, il s'en con-
solera par rapport au plaisir quéprouveront su-
rement beaucoup d'amateurs de trouver par là
une si belle occassion d'enrichir leurs portefeuil-
les de raretés aussi précieusés. De mon côté
j'espère que la vente de ces objets ne fera qu'
affermir la confiance dont on m'honore dépuis
plusieurs années, surtout si l'on remarque avec
quelle bonne foi j'ai détaillé la qualité des pièces contenues dans ce catalogue.

La vente publique aura donc lieu le 18. Octobre mais on recevra des propositions pour la vente en bloc jusqu'au 15. Septembre époque à laquelle le marché doit être conclu pour avoir encore le temps nécessaire de prevénir le publique amateur si la vente se fera en détail ou non. Dans ces deux cas j'ai l'honneur de me recommander à la confiance de Messieurs les amateurs pour l'éxécution de leurs commissions, je les prie de vouloir bien répandre le plus que possible ce catalogue. Je prends en outre la liberté de leur faire observer qu'étant résponsable au possesseur actuel de la totalité du payement, il me serait impossible de rien remettre, sans argent comptant ou sans une garantie suffisante.

Je répondrai volontiers aux lettres affranchies, ainsi que la maison de commerce de Monsieur François Charles Vogel, Residenz-strasse Nro. 16.

Munich, Mars 1841.

L. A. de Montmorillon.

Estimateur juré près de la Cour de Justice,
et marchand d'Objets d'Arts.

Page 7 Nro. 40 lisez:

40. Jésus-Christ couronné d'epines, et les mains liées,
est assis au milieu de l'estampe, à coté de lui on
remarque Pilate debout, entouré de ses trabans qui
portent des trapeaux et d'autres signes militaires etc.
Haut. 10 p. 5 l. larg. 7 p. 4 l. Non mentionniée par
Bartsch. — Pièce capitale très rare et très belle.

Ecole allemande.

Martin Schongauer.

Nro.

1. **La fuite en Egypte.** La Vierge ayant sur ses genoux l'enfant Jésus, est montée sur un âne, qui se dirige vers la droite, en passant près d'un dattier que plusieurs anges courbent, pour faciliter à Joseph le moyen d'en cueillir les fruits. **B. 7.** — Epreuve incomparablement belle, mais doublée d'un papier fumé très mince, pour cacher quelque chefs d'oeuvre en restauration. Pièce capitale et extrêmement rare.

2. **Le baptême de Jésus-Christ** dans le jourdain par St. Jean. Ce saint, à la gauche de l'estampe est à genoux sur le bord de l'eau, il donne la bénédiction à Jésus, qui est debout dans l'eau jusqu' aux genoux. Un ange tenant un drap est debout à droite au bord opposé de l'eau. Dieu le père et le saint esprit planent en l'air au milieu de l'estampe. **B. 8.** — Epreuve extraordinairement belle et extrêmement rare.

3. **La Vierge** assise à terre dans une cour, ayant sur ses genoux l'enfant Jésus, qui porte l'index de sa main droite vers la bouche. À gauche s'élève un petit arbre sec. **B. 32.** Comme la précédente. Ce morceau a été copié par Israël de Mecken.

Israël de Mecken.

4. **Le danseur.** Une jeune femme tenant par la main un jeune homme, qui, en dansant, porte un verre au milieu de son front. Un pot est placé aux

Nro.

pieds du danseur à la droite de l'estampe. Au dessus de chaque personne est une banderole. B. 172. —
Epreuve superbe extrêmement rare avec trois lignes
de marge.

Martin Zasinger.

5. La sainte Vierge assise avec l'enfant Jésus. Elle a
sur ses genoux l'enfant Jésus, qu'elle soutient du
bras droit, et porte de la main gauche un petit pot
sous le tuyau d'une fontaine, pour y recevoir de
l'eau. Le fond offre la vue d'une large rivière dont le
bord à droite est garni de fabriques. B. 2. —
Epreuve superbe et très rare.

6. L'embrassement. Un homme de condition, vu
par le dos, embrasse une jeune femme dans un ca-
binet. B. 16. — Epreuve magnifique et pièce capitale très rare.

Mayer de Landshut.

7. Maison d'architecture gothique ornée de statues. On
voit à la porte de cette maison une jeune femme
recevant un homme qui y entre. — Epreuve extrêmement belle, mais pièce douteuse selon Bartsch.

Albert Durer.

8. La Vierge assise au pied d'une muraille.
La vierge a sur ses genoux l'enfant Jésus, qui
tient une pomme de la main gauche. On remarque
une bourse et un trousseau de clefs pendues à la cein-
ture de la Vierge. Le fond à gauche offre la vue
sur le chateau de Nuremberg. Cette pièce capitale
est une des plus achevées de l'oeuvre de Durer.
B. 40. — Epreuve de toute beauté et très rare.

9. Saint Antoine occupé à lire; est assis à
terre à la droite de l'estampe et tourné vers la
gauche. Un bâton surmonté d'une double croix et
d'une cloche est planté en terre près du saint au
milieu de l'estampe. La vue d'une ville fortifiée
remplit le fond. B. 58. — Pièce capitale très rare
et de toute beauté.

10. Saint Jérôme dans sa cellule. Ce saint est représenté écrivant, assis devant une table, près d'une
des deux fenêtres qui se voient à gauche. Sur

Nro.

le devant est couché à droite un lion et à gauche
un renard, qui dort. B. 60. — Comme la précédente.

11. L'éffet de la jalousie. Une femme nue est étendue
sur le devant à gauche entre les genoux d'un Satyre, qui tient une grande mâchoire de la main
droite. Elle tourne la tête vers une autre femme,
qui vient de la surprendre. Celle - ci vêtue
d'une large draperie, veut la frapper d'un gros bâton, dont les coups sont parés par un homme vu
par le dos et placé à la droite de l'estampe. Il
semble, que Durer ait voulu représenter par ce der-
nier un défenseur du cocuage, car il lui a donné
pour coiffure un coq couché sur le dos entre
des cornes, qui sortent du front de l'homme. B. 73.
— Comme les précédentes.
    Il existe une copie de cette pièce par Wenzes-
laus d'Olmutz.

12. Le canon. Vaste étendue devant Nuremberg, sur le devant à droite un hongrois suivi
de quelques guerrièrs de cette nation, regarde
passer un grand canon monté sur son affût et suivi
d'un soldat allemand armé d'une hallebarde. B. 99.
Epreuve superbe de cette gravure sur fer.

13. Rhinocerus 1515. — Dessin du rhinocéros que
l'on a apporté de l'Inde à Lisbonne en 1515, et
dont le Roi Emanuel a fait présent à l'empereur
Maximilien I. B. 136. — Première épreuve très
rare et très belle de cette gravure en bois.

Lucas Cranach.

14. Les deux ducs de Saxe. Les portraits d'Albert le courageux, et de son fils Henri le pieux,
ducs de Saxe représentés a mi-corps, l'un à côté
de l'autre. Albert placé à la gauche de l'estampe
tient un chapelet des deux mains. B. 2. — Bonne
épreuve très rare.

Louis Krug.

15. Les deux femmes nues, vues par le dos, dirigent leurs
pas vers le fond de la droite, ayant les bras entre-
lacés. Celle qui est à droite tient de la main gauche une
tête de mort surmontée d'un sablier. Le fond est
noir. B. 11. — Très belle épreuve rare.

Albert Altdorfer.

16. Judith portant la tête d'Holoferne au bout d'une épée qu'elle tient des deux mains. Ses pas sont dirigés vers la gauche. B. 1. — Epreuve superbe et rare.

George Pencs.

17. Abraham caressant Agar. Abraham assis dans un lit, ayant entre ses bras Agar, à qui il fait des caresses. Sara les épie dans le fond à gauche. B. 6. — Superbe épreuve très rare.

Barthélemy Beham.

18. Combat d'hommes nus où l'on remarque au milieu de l'estampe, un homme tenant un drapeau de la main gauche, et de l'autre portant un coup de sabre à un ennemi terrassé. B. 18. — Pièce capitale très rare et très belle.

19. Le portrait d'Erasmus Baldermann. Il est représenté en buste, presque de face et tourné un peu vers la droite. Il porte des moustaches, et la tête couverte d'un chapeau plat. On voit quelques doigts de sa main droite appuyée sur un mur d'appui, qui remplit le bas de l'estampe où il est écrit: Erasmus Balderman L. L. Doct. Aet. suae XXXIII. 1535 etc. B. 63. — Epreuve très belle et très rare.

Jean Sebald Beham.

20. Achille et Hector. Combat à cheval entre Achille et Hector. Ces deux héros sont accompagnés de quelques guerriers, qui combattent de même. B. 68. — Très belle épreuve et rare.

21. Combat entre les Grecs et les Troyens. Différens hommes nus à pieds et à cheval, qui combattent armés de piques et de massues. B. 69. — Comme la précédente.

22. Cimon nourri par sa fille. Vignette offrant deux Tritons armés d'une massue, entre lesquels est un medaillon, où est représenté Cimon nourri par sa fille dans la prison. Celle-ci est assise à droite sur une pierre carrée, et le père est à genoux devant elle. B. 73. — Pièce capitale, très rare et superbe.

Nro.

23. **Le triomphe.** Une femme debout à coté d'un homme sur un char de triomphe attelé de deux chevaux que précédent et suivent plusieurs femmes, dont les unes portent des palmes, les autres des flambeaux, des vases etc. B. 142. — Comme les précédentes.

24. Le même sujet avec quelques différences. B. 143. — Comme les précédentes.

25. **Les noces de village.** B. 154 à 163. — Deux couples de danseurs villageois. 2) Deux autres couples. Herr Gregorius Merez. 3) Deux autres couples. Philippus Mey. 4) Deux autres couples. Jacob Hewmon. 5) Deux autres couples. Egidius Herbsmon. 6) Deux autres couples. Martinus Wintermon. 7) Un couple de danseurs. 8) Une femme conduite par deux danseurs. 9) Des paysans, qui se battent, armés de différentes armes. 10) Un paysan qui fait des caresses à une femme. — Pièces capitales d'une beauté extraordinaire et premières épreuves très rares.

Henri Altdegrever.

26. **L'histoire de Loth.** B. 14 à 17. Suite de quatre estampes. Epreuves d'une grande beauté. Rares.

27. **Marc Curce** à cheval, se précipitant dans le gouffre en présence de cinq femmes nues, qui forment un groupe à la droite de l'estampe. B. 68. — Epreuve superbe et rare.

28. Dessin d'un poignard, où l'on voit un homme, qui vient d'en renverser un autre d'un coup de pierre lancée avec une fronde. B. 270. — Pièce capitale très rare et superbe.

Maître J. B.

29. **La patience** accompagnée d'un mouton. De la suite des sept vertus chrétiennes. B. 27. — Epreuve très belle et rare.

Jacques Bink.

30. **Les soldats jouans.** Deux soldats accroupis par terre, jouant aux dés, en présence d'un porte-enseigne, qui est debout sur le devant à gauche, et d'un autre soldat, qui est au delà des deux joueurs, et qui tient une hallebarde. B. 74. — Très belle épreuve, rare.

Jean Brosamer.

31. Marc Curce à cheval, se précipitant dans le gouffre,
que l'on voit à la gauche de l'estampe. Trois autres
guerriers sont debout dans le fond à droite. B. 8.
— Pièce ronde très rare.

Auguste Hirschvogel.

32. Paysage où l'on remarque à droite une église avec
un clocher qui se termine en pointe. Cette église
est flanquée d'une voûte, sous la quelle coule un ruisseau. B. 68. — Très belle épreuve rare, mais
doublée d'un gros papier.

Jean Sebald Lautensack.

33. Portrait de George Roggenbach à mi-corps, vu de
trois quarts, et tourné un peu vers la droite. Il
porte des moustaches et au menton une longue barbe,
qui forme deux toupets. En bas est écrit l'année
1554. Anno aetatis suae XXXVIII. — $Av\delta\varrho o\varsigma$
$o\varrho v\varsigma$ $\alpha\gamma\alpha\delta\varsigma$ etc. B. 9. — Pièce capitale rare et superbe, avec 6 lignes $\frac{1}{2}$ de marge.

Virgile Solis.

34. Un bain rempli d'hommes, de femmes et d'enfans
nus en différentes attitudes. Cette estampe est connue sous le nom de la société des Anabaptistes,
gravée d'après un dessin d'Altdegrever. B. 265· —
Pièce capitale et rare. Très belle épreuve.

Daniel Hopfer.

35. Portrait de Conrad van de Rose, bouffon de l'empereur Maximilien I. B. 87. — Epreuve superbe,
mais coupé presque jusqu' à la ligne.

Melchior Lorch.

36. L'homme crucifié à un tronc d'arbre. Sa jambe est
tendue, et l'autre est retirée. Son regard est tourné
vers la droite. B. 8. — Pièce capitale et extrêmement
rare. Epreuve superbe, qui provient de Storck à
Milan.

Jean Theodor de Bry.

37. Marche de guerriers en parade. Très belle épreuve,
et extrêmement rare. Larg. 10 p. 6 l. H. 1 p. 9 l.

Nro.

Brulliot parle de ce maître au Nro. 866 de son
Dict. des Monogr. I vol. mais il ne connaît pas
cette feuille.

Josse Amman.

38. Portrait de Gaspard de Coligni, duc de Châtil-
lon, amiral de France. Il est à mi-corps, vu
de trois quarts et tourné un peu vers la gauche,
dans un ovale entouré d'ornemens et de figures
allégoriques. Dans un cartouche au bas de l'estampe
est représentée la mort de ce chef des Calvinistes.
B. 17. — Très belle épreuve.

Barthelemy Reuter.

39. Le Christ présenté au peuple. Au dessous de la
ligne d'enceinte, on lit: Ecce Homo. Barth. Reu-
ter pictor figur. Monachy 1612. Très belle eau
forte, pièce capitale extrêmement rare. Larg. 9 p. 5 l.
Haut. 6 p. 2 lign. et trois lignes de marge. — Brulliot parle de ce maître au Nro. 907 de son Dict.
des Monogr. I vol. sans connaître cette feuille.

Pièrre Weinher.

40. Jésus-Christ couronné d'épines, et les mains
liées, est assis à la droite de l'estampe, dans
une grande salle du conseil des Juifs, au milieu des
quels on remarque Pilate assis sur une espèce de
trône. Sur le devant à gauche est une inscription
qui commence ainsi: lasset sehen ob seine Worte
etc. B. 1. — Pièce capitale très rare et très belle
épreuve.

Melchior Mayer.

41. Apollon tient de la main gauche la peau de Marsias, qu'il vient d'écorcher et qu'il présente au roi
Mydas. Pièce capitale et très rare. Epreuve parfaitement belle. Larg. 11 p. 7 lign. Haut. 8 p. 6
lign. — Brulliot parle de cette feuille au Nro. 2887
de son Dict. des Monogr. I vol.

Jean Schummer.

42. Un paysan avec son chien accompagne deux vaches;
un autre paysan suit avec un veau. Eau forte ex-

trêmement rare et épreuve superbe, mais doublée et
avec quelques petites taches, qui sont aisées à faire
disparaître. — Brulliot fait mention de ce maître
au Nro. 1687 de son Dict. des Monogr. II vol.

Wenceslas Hollar.

43. Portrait d'Albert Durer, s'appuyant, les mains croi-
sées, sur un accoudoir, où on lit: Das macht
ich nach meiner gestalt. Ich war sex und
zwanzig Jar alt. Albrecht Dürer. — Très
belle épreuve avec 6 lignes de marge. Pièce capitale et rare.

44. La reine de Saba avec sa suite, visitant le roi Salomon, assis sur un trône et entouré de sa cour.
Gravé à l'eau-forte d'après Holbein. — En tout
comme la précédente.

45. Turis et aedes ecclesiae cathedralis argen-
tinensis. Comme les précédentes.

46. Un lièvre suspendu à une corde près d'une colonne,
par dessus un panier rempli d'oiseaux morts, sur-
veillé par un chien lévrier. D'après Pièrre Boel.
— Epreuve magnifique, et pièce capitale très rare.

47. Suite de six paysages. Le cartouche porte cette inscription: Divers prospects, in and about Tan-
gier, exactly delineated by W. Hollar etc.
And ave to be sold by John Overton at the
White Horse, wigthout Newgarte London
1673. — Epreuves magnifiques et très rares.

48. Suite de douze feuilles portant le titre: Muscarum,
Scarabeorum, Vermiumque variae figurae
et formae omnes primo ad vivum coloribus
depictae, et ex colle,ctione Arundeliana a
Wenceslaus Hollar aqua forti aeri insculp-
tae. Antwerpiae Anno 1646. — Epreuves de
toute beauté avant les numéros. Très rares.

49. Deux feuilles. Venus et l'Amour dans un paysage, d'après Elsheimer. Bonne épreuve. — La
copie de même dimension en contre-partie par
Kusslen.

50. Les faisans, d'après Barlow. Très belle épreuve.

Jean Henri Roos.

50. a. La haie. B. 14. — Epreuve magnifique et très
rare.

Nro.

50. b. Le muletier sous la porte. B. 15. — Comme la précédente.

Jean Guillaume Stoer.

51. L'hôtel de ville de Nuremberg représenté à l'occasion d'une fête donnée au peuple pour célébrer la conclusion de la paix de 1648, gravé d'après Wittig. — Très belle épreuve avant l'inscription et très rare. Brulliot parle de ce maître au Nro. 1774 du II vol. de son Dict. des Monogr. mais avec incertitude par rapport au vrai nom. Cependant par cette feuille il ny a plus de doute, qu'il ne s'appelle Stoer.

Michel Willman.

52. La décollation de St. Paul. Au milieu est un empereur romain à cheval, qui vient avec son cortège, faire décapiter le saint, qui est à droite et derrière lequel on voit le bourreau qui tient le glaive de la main gauche. Dans la marge on lit: M. Willman fecit 1683. — Très belle épreuve, extrêmement rare, mais un peu tachée. — Brulliot fait mention de cette artiste au Nro. 926 Vol. III du Dict. des Monogr.

Barthelemy Kilian.

53. Portrait d'André Huber, gravé d'après F. Frank. Très belle épreuve.

Elie Heinzelman.

54. Portrait du docteur en théologie, Egide Strauch de Wittenberg, dans un ovale avec une bordure portant inscription latine et des vers allemands, gravé d'après Stech. Huber Nro. 3. — Epreuve superbe.

Felix Meyer.

55. Paysage aux deux arbres. Larg. 8 p. 5 l. Haut. 6 p. 3 l. Bonne épreuve.

Joachim Francois Beich.

56. Deux paysages en hauteur. Belles épreuves.

Nro.

George Philippe Rugendas.

57. Six pièces. Des cavaliers en différentes attitudes. Anciennes et très belles épreuves. Rares.

Martin Elie Ridinger.

58. Les quatre saisons réprésentées par quatre sujets de chasse, gravées à l'eau-forte d'après Jean Elie Ridinger. — Epreuves superbes.

Antoine Joseph Prenner.

59. Le sacrifice d'Abraham d'après D. Teniers. Belle épreuve.

60. J. G. Schwandner austriacus, d'après Rubens. Belle épreuve.

61. Portrait d'Antoine van Dyck, bonne épreuve.

Jacques Schmutzer.

62. Ulysse enlevant le fils d'Andromaque. Gravé d'après un dessin du duc Albert de Saxe-Teschen. Première épreuve superbe avec les armoiries, mais sans dédicace. Huber Nro. 11.

Joseph Wagner.

63. La sainte Vierge, d'après Amigoni. Belle épreuve. Huber Nro. 5.

Ch. Guill. Ernest Dietrich.

64. L'adoration des bergers. Ancienne épreuve magnifique et pièce capitale et rare. Heinecke Dict. des Artistes. Vol. IV p. 678 Nro. 9.

65. Paysage en hauteur avec une tour ruinée. Ancienne épreuve. Heinecke Nro. 6 Vol. IV p. 703.

George Frederic Schmidt, de Berlin.

66. Portrait de Maurice Quentin de la Tour, demi-figure, tourné vers la gauche, sur la tête un grand chapeau rond, relevé par devant. Il représente un tableau ovale sur un chevalet; sur une table, se trouvent quelques livres, une boîte avec des couleurs en pastel et quelques fenilles de papier. Gravé d'après de la Tour. — Epreuve rare et superbe avec 1 p.

Nro.

5 lignes de marge. Jacoby Catalogue de l'oeuvre de Schmidt Nro. 89.

67. La présentation de l'enfant Jésus au temple. — Sur le devant du temple, le vieillard Siméon avec l'enfant sur ses bras est agenouillé avec Marie et Joseph devant le grand prêtre, qui se tient entre eux, les mains étendues. A gauche parmi un groupe de neuf hommes est un vieillard qui se met les lunettes sur le nez, pour mieux voir l'enfant etc. Gravé à l'eau forte d'après Dietrich. Catalogue de Jacoby Nro. 167. — Pièce capitale et épreuve superbe.

George Wille.

68. La dévideuse, mère de Gerard Dow. Sujet de demi-figure, d'après Gerard Dow. Epreuve superbe et pièce capitale. —
69. La liseuse hollandoise, d'après le même, et comme la précédente.

Daniel Chodowiecky.

70. Les adieux de Calas. Jacoby 48 a.

Jean André Benjamin Nothnagel.

71. Deux feuilles. Des têtes d'orientaux. Eaux-fortes d'après Dietrich en 8. — Très belles épreuves.

Jean Frederic Bause.

72. La petite rusée, gravée d'après Raynolds. Epreuve magnifique avec beaucoup de marge. Huber 61.

Jean Gothard Müller.

73. Le peintre Antoine Graff représenté assis devant son chevalet sur lequel est un portrait ébauché; gravé à Stuttgard d'après le tableau peint par Graff. — Epreuve superbe avant la lettre avec 2 p. de marge.

Jean Mechau.

74. Avanzi dell' aqua Marzia, Claudia e dell' Aniene vecchio fuori di Porta S. Giovanni. Très belle eauforte.

Nro.

Charles Ernest Hess, de Dusseldorf.

75. La sainte famille, gravure très délicate, d'après Raphael. Epreuve superbe avant la lettre. Haut. 9 p. 8 l. larg. 8 p. 1 l.

76. Saint Jérôme d'après Palma vecchio. Comme la précédente. Haut. 16 p. 3 l. larg. 12 p. avec beaucoup de marge.

Sebastien Ignace Klauber.

77. Portrait de Christoph Gabriel Allégrain, sculpteur du roi, gravé d'après le tableau de Duplessis. Très belle épreuve, mais un peu usée. Huber Nro. 6.

Maurice Plonsky.

78. Différentes études sur une planche, au milieu un marchand de paniers; figure entière. Très belle épreuve, mais avec une petite tache d'huile. Brulliot Dict. des Monogr. Vol. I Nro. 2015.

Adam de Bartsch.

79. Chevaux polonais d'après Pfor planche Nro. 2 d'une suite qui a paru chez Artaria et Comp. à Vienne. Larg. 16 p. 2 l. haut. 12 p. 6 lignes, la marge 1 p. 9 lignes. — Très belle épreuve.

80. Deux chevaux conduits à la fontaine. Epreuve avant la lettre de la même suite et belle comme la précédente.

Albert Christophe Dies.

81. Ponte lupo a Tivoli. Très belle eau-forte d'après nature.

82. Cascatella di Tivoli. Comme la précédente.

Jean Pichler.

83. Portrait du noble de Birkenstock, conseiller de l'empereur en mi-figure. Gravé en manière noire. Haut. 17 p. 5 l. larg. 12 p. 9 l. Epreuve superbe.

Nro.

Charles Guillaume Kolbe.

84. Deux petites pièces d'herbages. Très belles eaux-fortes.

85. Grand paysage. Eau-forte magnifique. Larg. 17 p. 4 l. haut. 13 p. 4 l.

Jacques Gauermann.

86. Jésus et les pélérins sur le chemin d'Emaus; à gauche un pâtre et une bergère conduisant un troupeau. Gravé à l'eau-forte et au burin. Larg. 16. p. 7 l. haut. 12 p. 1 l. — Pièce capitale, épreuve ancienne et superbe.

Koch de Manheim.

87. Portrait de Rembrandt d'après Rembrandt. Epreuve avant la lettre sur papier de chine. Eau-forte extrêmement belle, et très rare. Haut. 7 p. 7 l. larg. 6 p. 1 l. sur une grande feuille de papier.

Charles Agricola.

88. Le convoi funèbre de l'amour, eau-forte d'après Poussin. Pièce capitale, et magnifique. Larg. 17 p. 6 l. haut. 12 p. 6 l. la marge d'en bas 1 p. 9. l.

89. Le jugement de Salomon, d'après Poussin. Comme la précédente. Larg. 17 p. 9 l. haut. 12 p. 5 l. la marge 1 p. 3 l.

Charles Frommel.

90. Ponte lupo a Tivoli. — Très belle eau-forte.

91. Grotta delle Sirene a Tivoli, comme la précédente.

Charles Henri Rahl.

92. Une nymphe au bain, gravée à l'eau-forte et au burin d'après le Dominiquin. Epreuve avant toute lettre. Larg. 16 p. 3 l. haut. 13 p. 4 l.

Nro.

Dominique Quaglio.

93. Vue de l'église de le vieille cour à Munic, démolie
depuis plusieurs années. Très belle eau-forte, première épreuve avant la lettre, très rare. Haut.
13 p. 6 l. larg. 9 p. 9 l. la marge d'en bas 1 p.
6 lignes.
Le seconde épreuve porte cette inscription: Al-
ten Hofs Kirche erbaut 1327.
La troisiéme épreuve a l'incription et l'adresse
de Zeller à Munic.
A la quatriéme, l'adresse de Zeller est remplacée
par celle de Velten à Carlsruhe.

Samuel Amsler.

94. Alla santita di Nostro Signore Papa Pio VII.
— Portrait du pape, gravé dans la manière ancienne
d'après un dessin de Hermann. Epreuve superbe
et très rare.

Vieux maître anonyme.

95. Un porte-enseigne, un tambour et un fifre. Epreuve
très belle, très rare et iuconnue à Bartsch.
Larg. 5 p. 9 l. haut. 5 p. 5 l.

Nro. 43 des monogrammes.

96. Judith toute nue assise sur un banc de pierre,
tenant élevée de la main gauche la tête d'Holoferne, et de l'autre un glaive. B. 1. — Epreuve
magnifique et rare.

(Martin Treu.)

97. Le mari maltraité. Une femme en culottes d'homme donnant des coups de bâton à son mari qu'elle
tire par les cheveux hors d'une maison, qui se voit
à gauche. B. 38. Vol. IX. page. 77. — Très belle
épreuve rare mais un peu rognée.

Anonyme.

98. Le tambour. Un enfant nu battant le tambour.
Dans le coin gauche d'en haut est un carreau avec
une simple taillé. — Haut. 1 p. larg. 11 l. — Très
joli petit morceau.
99. Le fifre. Pendant du précédent.

Nro.

Nro. 176 des monogrammes.
J. G. (J. Galion.)

100. L'étable de Betlehem. B. 1. — Pièce ronde capitale et très rare, mais un peu tachée.

Nielles.

101. Deux pièces de feuillages, au rinceau d'ornemens.
Epreuves très belles et extrêmement rares.

Ecole des Pays-Bas.

Lucas de Leyden.

Nro.

102. Jésus Christ présenté au peuple. Cette pièce, d'une composition riche, contient plus de cent figures. A l'exception de quelques montagnes dans le lointain, à droite, tout le fond de l'estampe est occupé par des bâtimens, qui s'étendent jusqu' au devant à gauche. Presque au milieu est le pretoire, et au niveau de cet édifice, une large plate-forme qui s'étend fort en avant, et où vers la gauche on voit un escalier pour y monter. C'est sur le bord de cette plateforme que parait Jésus Christ entre deux satellites dont chacun relève un bout de son manteau, et à sa gauche, Pilate qui le montre au peuple assemblé en plusieurs groupes au bas de la plate-forme. B. 71. — Pièce capitale très rare et de toute beauté.

103. Le moine Sergius, assassiné par Mahomet. Sujet gravé sur un riche fond de paysage. Vers la droite se voit étendu à terre le corps de Sergius, la gorge coupée; vis-a-vis à gauche est assis l'imposteur Mahomet endormi, la tête appuyée sur son bras; au milieu des deux figures s'avance un soldat, qui enlève furtivement l'épée du dormeur. Vers le fond sur la lisiére d'un bois, on apperçoit cinq figures d'hommes dans différentes attitudes et quatre autres dans le lointain. Pièce avec une quantité d'accessoires, et le millésime de 1508. B. 126. — Epreuve magnifique très rare, mais doublée d'un papier fumé très mince.

Thiery van Star.

104. Jésus-Christ appelant à lui S. Pierre et S. André — Jésus-Christ est debout au devant de la droite. Il est vu de profil, relevant son habit de la main gauche, et de l'autre appelant Simon et André qui s'occupent de la pêche dans un petit bateau, vers le fond à gauche. B. 3. — Epreuve superbe avec 5 lignes de marge. Rare.

Corneille Matsys.

105. Saint Mathieu, assis tenant un livre ouvert de la main gauche et de l'autre trempant sa plume dans un encrier que lui présente un ange à genoux, à la gauche de l'estampe. B. 34. — Belle épreuve, rare.

Pierre Breughel ainé.

106. L'école des enfans. Ecole publique dans la boutique d'un savetier, toutes figures de charge. Bartholomaeus de Monpere Excudebat. — Epreuve superbe et rare. Larg. 16 p. 1 l. haut. 11 p. 1 l. La marge d'en bas avec l'inscription hollandaise 7 lignes.

Lambert Suavius.

107. Portrait d'Antoine Perenot. Epreuve superbe et pareille de conservation. Très rare.

Adrien Collaert.

108. Jésus-Christ fait venir à lui les enfans d'après Martin de Vos. Epreuve magnifique. Haut. 10 p. 3 l. larg. 8 p. La marge avec l'inscription 7 lignes.

Corneille Galle.

109. L'assomption de la sainte Vierge, d'après Rubens.

Pierre de Jode.

110. La sainte Vierge pleurant sur le corps mort de Jésus-Christ qu'elle tient sur ses genoux, d'après Robert Nolani. Epreuve superbe. Haut. 13 p. 4 l. larg. 10 p. 3 l. La marge d'en bas 1 p. 5 lignes.

Jean Wierx.

111. Adam et Eve. Copie d'après Durer. Ils sont représentés debout auprès de l'arbre de vie. Pièce capitale et superbe.

Jean Sadeler.

112. L'habitude des hommes au vice, avant le déluge. Epreuve superbe. Pièce capitale.

Gilles Sadeler.

113. Portraits du peintre Barthelemy Spranger et de sa femme, pièce allégorique sur la mort de la femme de Spranger, avec les médaillons du mari et de la femme. On lit en bas: Privatas lacrymas etc. Gravé d'après Spranger. Huber Volume V page 181 Nro. 12. — Première épreuve magnifique de cette pièce capitale.

Henri Goltzius.

114. Portrait de Catharine Decker. Elle est assise dans un fauteuil devant une table, près d'une fenêtre ouverte, par laquelle on a vue sur son chateau près de Harlem. Bartsch Nro. 210. — Epreuve superbe et rare.

115. La vierge pleurant sur le corps de Jésus-Christ. B. 41. — Première épreuve magnifique.

116. Henri IV, roi de France et de Navarre, ayant les colliers des ordres de St. Michel, et du St. Esprit. Buste. B. 173. — Véritable première épreuve encore avant l'adresse de Harman Adolfz inconnue à Bartsch sans cette adresse. Pièce capitale magnifique et très rare.

117. Le fils de Theodoric Frisius, connue sous le nom, du chien de Goltzius. B. 190. — Pièce capitale et une des plus rares de ce maître. Epreuve magnifique.

Warnart van Valckert.

118. Le bon Samaritain. Franciscus Hoiamis excud. Pièce capitale et très rare. Epreuve magnifique. Larg. 11 p. 6 l. haut. 9 p.

Nro.

Corneille van Sichem.

119. Portrait d'homme à mi-corps, tenant de la main gauche un gant et s'appuyant sur une table. Très belle gravure en bois, d'après Goltzius 1607. Pièce capitale très rare. Haut. 11 p. 3 ¾ l. larg. 6 p. 3 l.

de Gheyn.

120. Portrait de Carolus Clusius. Epreuve superbe. Haut. 9 p. larg. 7 p. 4 l.

Theodor Matham.

121. Portrait de Caspar Streso, prédicant in den Haag obiit 1664. Aetatis 61. Dans un ovale d'après M. Engele. Epreuve magnifique avant la lettre et unique. Haut. 12 p. 1 l. larg. 9 p. 9 l. La marge d'en bas 1 p. 10 l.

Jean Saenredam.

122. Saint Paul et Barnabas refusant les sacrifices, qu'on veut leur offrir dans la ville de Lystre. B. 113. — Pièce capitale et d'une beauté extraordinaire.

Pierre Seherwouter.

123. L'hauberge des gueux. A la droite devant l'auberge est une table avec des convives, dont l'un rend ce qu'il a bû de trop, à gauche des personnes des deux sexes dansent au son d'une vieille. Dans le fond à gauche sont assis sur le gazon un homme et une femme. Celle-ci cherche des poux à un garçon, et près de la porte un homme lève son couteau sur l'aubergiste, qui sort et se défend avec une béquille, une femme éplorée cherche à retenir le premier. Par la fenêtre du fronton, la femme de l'aubergiste le menace avec un balet. Du coté gauche, on lit. D. v. Boens Inventor, un peu plus éloigné Cornelius Jansen excudit, et à droite 1608 P. Swouter ft. — Pièce capitale extrêmement rare, et d'une beauté parfaite. Huber Nro. 14.

Guillaume Swaneburg.

124. Jésus-Christ à table avec les pélérins d'Emaüs, d'après Rubens. Basan 116. Pièce capitale et très belle.

2*

Nro.

Henri Hondius.

125. Portrait d'André Rivetus dans un ovale avec un cartouche. Epreuve superbe. Haut. 8 p. 2 l. larg. 6 p.

Pierre Paul Rubens.

126. Saint François recevant les stigmates. Huber Nro. 1. Pièce capitale très rare et superbe. Haut. 5 p. 4 l. larg. 3 p. 11 l.

Lucas Vorsterman.

127. Loth et sa famille sortant de Sodome, gravé d'après Rubens. Basan Nro. 3. Pièce capitale et épreuve magnifique, avec 1620.
128. La sainte famille, gravée d'après le même. Basan Nro. 48. — Epreuve très rare et comme la précédente.

Schelte a Bolswert.

129. La sainte Vierge avec l'enfant Jésus, gravée d'après Rubens. Martin van den Enden excud. Basan Nro. 30. — Epreuve magnifique.

Paul Pontius.

130. Portrait de Rubens. Basan Nro. 48. — Pièce capitale très rare, et magnifique d'épreuve.
131. St. B. Joseph presbyter et canonicus Steinfeldiensis ordinis Praemonstratensis etc. gravé d'après van Dyck. Première épreuve rare et magnifique. Haut. 12 p. larg. 10 p. 7 l. La marge d'en bas 1 p. 10 l.

Pierre Lastmann.

132. Juda et Thamar dans un carrefour sur le chemin de Thamnath. B. 74. — Superbe épreuve, très rare.

Henri Goudt.

133. La fuite en Egypte, bel effet de nuit. A droite on voit le feu nocturne d'un berger. Pièce capitale et magnifique.

Nro.

Corneille Schutt.

134. La forge de Vulcain, à droite Venus et l'Amour. Epreuve extraordinairement belle. Larg. 12 p. 6 l. haut. 9 p. 2 l. La marge d'en bas 6 l. A gauche, Corneille Schutt inv. cum privilegio.

Lucas van Uden.

135. Paysage. Un ruisseau coulant du lointain à droite jusqu'à milieu du bas de l'estampe. B. 57. — Inscription: Peter Paul Rubens pinxit, au milieu Lucas van Uden fecit, et à droite: Franciscus van den Wyngaerde excudit. Larg. 10 p. 4 l. haut. 6 p. 11 l. La marge d'en bas 3 l. — Pièce capitale, rare et magnifique.

Roland Roghman.

136. La colonne. B. 25. — Epreuve de toute beauté. Rare.
137. Le quartier de rocher. B. 26. — Comme la précédente, mais avant le nom.

Jean van de Velde.

138. Quatre pièces. Les quatre élémens, d'après W. Buytenwech. Rigal 1 à 4. — Premières épreuves avant l'adresse de Valk d'une grande beauté.
139. Les voleurs de grands chemins, d'après E. v. de Velde. Epreuve extraordinairement belle et pièce capitale, avec C. Vischer excudit.

Adrien van de Velde.

140. Le berger et la bergère avec leur troupeau. B. 17. — Epreuve magnifique et extrêmement rare, avec 8 lignes de marge.

Antoine van Dyck.

141. Ecce homo. Première épreuve très belle, très rare et pièce capitale.

Jean Miele.

142. Le berger assis sur un tronc d'arbre abattu, jouant de la cornemuse etc. B. 1. — Epreuve superbe et comme sortant de la presse. Très rare.

Nro.

143. **La vieille.** Une vieille femme assise, vue presque
de face, dirigée un peu vers la gauche, cherche des
poux à une petite fille qui penche la tête sur les
genoux de la vieille etc. **B. 2.** — Comme la précédente.

Rodermundt.

144. **Esaü** vendant à **Jacob** son droit d'aînesse pour un
plat de lentilles. **Catalogue de Rembrandt II Vol.
Nro. 77.** — Très belle seconde épreuve, très rare.

Jonas Suyderhoef.

145. Portrait de **David Nuyts.** Première épreuve magnifique avant le nom de **Sam. Legat.** Haut. 12 p.
9. l. larg. 10 p. 10 l. — La marge d'en bas avec
l'inscription 2 p. 5 l.

146. **Les quatre Bourgemaîtres,** d'après **Theodore
Keyser.** Pièce capitale très rare et superbe. Larg.
13 p. 9 l. haut. 10 p. 10 l. La marge d'en bas avec
l'inscription 1 pouce.

Guillaume P. de Leeuw.

147. Le vieux **Tobie** et sa femme; d'après **Rembrandt.
B. Catalogue de Rembrandt II Vol.** Appen-
dice Nro. 43. — Première épreuve avant l'adresse de
Clement de Jonghe. Rare et superbe.

Pierre Molyn.

148. Quatre différens paysages ornés de figures. **B. 1 à 4.**
— Epreuves de toute beauté et très rares.

Albert Flamen.

149. Diverses espèces de poissons de mer. Seconde partie. Suite de douze estampes. **B. 13 — 24.** Très
belles épreuves avec les numéros et parfaites de conservation. Très rares.

150 Six feuilles avec différens oiseaux. **B. 69, 73, 74, 77,
78, 79.** — Très bonnes et rares épreuves, mais avec
quelques petites taches.

Gaspard Blecker.

151. **Le chariot à deux roues.** — Un chariot à deux
roues attelé d'un cheval qu'un paysan dirige vers

Nro.

la gauche de l'estempe. Le chariot est chargé d'un gros paquet sur lequel une paysanne est assise. **B. 11.** — Epreuve magnifique et très rare.

152. **Le cabriolet.** — **A la** gauche de ce morceau, un paysan est assis à côté de sa femme dans un cabriolet attelé d'un cheval. Ils dirigent leur marche vers la droite du devant. **B. 12.** — Comme la précédente.

Corneille Vischer.

153. **Portrait de Gellius de Bouma, ministre de l'Evangile à Zutphen,** représenté assis, vu jusqu'aux genoux; à sa droite, une table, sur laquelle est un grand livre ouvert et un petit papier — Pièce capitale très rare avant la date de 1656. **Basan 4.** — Epreuve d'une beauté extraordinaire et pareille de conservation.

154. **Les musiciens ambulans;** d'après Ostade. **Basan Nro. 2.** — Pièce capitale très rare et superbe, mais doublée sans conséquence.

155. **Le vendeur de mort aux rats,** vu jusqu'aux genoux, accompagné d'un garçon qui tient au bout d'un bâton un panier avec des rats morts et vivans. **Basan Nro. 16.** — Pièce capitale très rare et magnifique d'épreuve, mais doublée d'un papier fumé très mince, et la marge d'en bas ajoutée d'une manière presque imperceptible.

Jean Vischer.

156. **La bergère dans un paysage.** Première épreuve d'un brillant extraordinaire, mais doublée d'un papier fumé très mince, sans conséquence.

157. **Le tâtoneur. Basan Nro. 246.** Première épreuve d'une beauté extraordinaire.

Pièrre Qaust.

158. **Suite de six feuilles.** Les cinq sens de l'homme, représentés par des paysans, pour titre un paysan en bouffon qui tieut une feuille de papier en main, sur laquelle est ecrit: vyf sinen te koop. Au bas: **P. Q. f. 1639. H. Hondius exc. cum privil.** — **Huber Vol. V pag. 420 Nro. 1 à 6.** — Epreuves superbes, comme neuves.

Jean Witdouck.

159. La sainte famille, d'après Rubens. Basan Nro. 46.
— Première épreuve avant l'adresse de Maermans.
— Pièce capitale et épreuve extraordinairement belle.

Pierre Clouwet.

160. La sainte famille d'après van Dyck. Epreuve extraordinairement belle. Haut. 14 p. 11 l. larg. 11 p.
7 l. La marge d'en bas 1 p. 1 l.

Paul Rembrandt.

161. Portrait de Rembrandt appuyé sur un accoudoir.
B. 21. C'est un de ses plus beaux portraits. Epreuve
magnifique et avant le nom de Rembrandt. Très
rare et avec la signature de Mariette.

162. L'annonciation aux bergers. B. 44. — Epreuve
superbe et très rare.

163. La pièce de cent florins. B. 74. Seconde
épreuve de la plus grande beauté, ayant tout son
lustre et son velour et comme sortant de la presse.
Pièce capitale très rare.

164. La grange à foin. B. 224. Troisième épreuve
sur papier de Chine. Comme la précédente.

165. Portrait de Renier Ansloo, ministre anabaptiste.
B. 271. — D'après Claussin première épreuve.
Comme les précédentes, mais doublée et un peu ro-
gnée d'enhaut.

166. La grande mariée Juive. B. 340. Troisième épreuve
magniflque et rare.

Jean Livens.

167. Portrait d'Ephraim bonus, Medicus Hebraeus.
B. 56. — Première épreuve de toute beauté, avant
l'adresse de Clement de Jonghe, avec 5 lignes de
marge. Rare.

Albert Cuyp.

168. Les vaches. Huit pièces sans le titre qui n'est pas
de Cuyp, par contre il y en a deux de plus, qu'on
ne trouve rapportées nulle part, et qni sont extrêmement rares. Premières épreuves superbes.

Erasme Quelinus.

169. Six enfans, parmi les quels il y a deux enfans satyrs
dans un très jolie paysage. Quatre dansent d'après
la musique de deux autres. Eau-forte capitale, rare
et superbe d'épreuve. Larg. 11 p. haut. 8 p. 10 l.
Huber vol. VI pag. 45. Nro. 2.

Salomon Koninck.

170. L'aveugle Tobie, assis dans un fauteuil, vu de trois
quarts et tourné vers la droite, les mains élevées
et jointes, dans l'attitude d'un homme qui prie. Le
fond est blanc. B. 71. — Epreuve superbe et extrêmement rare, mais doublée d'un gros papier.

171. Un religieux mort étendu sur son lit et les bras de
même. Epreuve superbe et extrêmement rare, mais
doublé sans nécessité. Larg. 6 p. 1 l. haut. 4 p.
2 lignes.

P. v. H. (Paul van Hillegaert).

172. Les trois chiens. B. 10. — Ce morceau représente sur la gauche de l'estampe un grand lévrier
vu de trois quarts, et dirigé vers la gauche, ayant la
tête tournée vers la droite. A côté de lui un chien
de chasse est assis sur ses pattes de derrière, ayant
la même direction. Un troisième est couché entre
eux deux, ayant la tête posée sur ses deux pattes
de devant. Dans le fond à droite paraissent deux
autres chiens qui se dirigent vers la gauche, et que
l'on ne voit qu'à mi-corps. Les lettres P. v. H. f.
sont marquées au haut de la droite. — Epreuve de
toute beauté et très rare.

Herman Saftleven.

173. Le bois. B. 27. Ce superbe morceau représente
l'entrée d'un bois. Sur la gauche, au bas d'une
colline, deux arbres, à côté l'un de l'autre, s'élèvent
jusqu'au bord superieur de la planche etc. Epreuve
superbe et très rare.

174. La porte de femmes blanches. B. 29. — Ce
morceau représente la vue d'une des portes de la
ville d'Utrecht, qui est nommée. Witte wrouwen-
poort. Cette porte forme une grosse tour carrée,
bâtie sur un pont de pierre qui traverse un canal

Nro.

et qui communique par un petit pont-levis avec les murs dont on voit une partie sur la droite etc. — Comme la précédente.

Jean George van Vliet.

175. Loth et ses filles, eau-forte d'après Rembrandt. B. 1. — Première épreuve, avec l'année 1631, qu'on a effacée plus tard pour y substituer l'adresse de Clement de Jonghe. Epreuve très rare et extraordinairement belle.

Ferdinand Bol.

176. Le sacrifice d'Abraham. B. 1. — Epreuve de toute beauté et très rare, mais comme presque toujours, le papier blanc au haut de la planche à été coupé d'après la forme arrondie.

177. Saint Jérôme assis sur une butte, considérant un petit crucifix qu'il tient des deux mains jointes. B. 3. — Epreuve de toute beauté et ayant tout le papier en haut.

Thiery Stoop.

178. Les numéros 8 et 9 de la suite des chevaux. B. 1 à 12. — Epreuves magnifiques avant les numéros. Très rares.

Jacques van der Does.

179. Un bellier et quatre moutons, dans une campagne; on y remarque au fond à droite, devant une baraque, un pâtre et ses moutons; sur le ciel: J. v. der Does in. A. 1650. — Seule pièce connue de ce maître. — Epreuve superbe et de la plus grande rareté, provenant de la collection du Comte Rigal à Paris.

Corneille Bega.

180. La vieille aubergiste. B. 32. — Quatre paysans dans un cabaret. L'un vu par le dos, est assis au milieu sur un banc; le second, vu de face, tourne la tête pour parler au troisième qui est debout derrière lui etc. — Première épreuve et pièce capitale de toute beauté.

Nro.
181. **Le cabaret.** B. 35. — L'intérieur d'une chambre.
A gauche une jeune femme assise et vue de profil,
semble écouter ce que lui dit un paysan assis vis-a-
vis d'elle sur un banc etc. Comme la précédente.

Jean Both.

182. **Suite de quatre paysages en hauteur.** B. 1
à 4. — 1) La femme montée sur le mulet. — 2) Le
chariot attelé de boeufs. — 3) Le grand arbre. —
4) Les deux mulets. — Premières épreuves avec
l'adresse de Matham, d'une beauté non plus ultra,
car le Nro. 4 qu'on voit toujours faible, est presque
du même brillant et de la même vigueur que les
autres. — Pièces capitales et très rares.
183. **Le cinq sens de l'homme.** B. 11 à 15, suite de
cinq estampes, (11) la vue, 12) l'ouie, 13) l'odorat,
14) le gout, 15) le toucher). Pièces numérotées
avec quatre vers hollandais, gravées par Jean Both
d'après André Both. — Epreuves extraordinairement belles et très rares.

Marc de Bye.

184. **Les chasses.** Suite de quatre pièces. B. 57 à 60·
— 1) un taureau furieux, poursuivi par trois dogues·
2) un loup se défendant contre cinq chiens. 3) un
sanglier assailli par quatre chiens. 4) un ours se
défendant contre six chiens. — Gravées d'après
Paul Potter. — Epreuves magnifiques, comme sortant de la presse.

Reinier Zeeman.

185. **Les deux maisons fortifiées (Blockhuisen) sur**
l'Amstel. B. 3. — Très belle épreuve extrêmement
rare, mais la marge d'en haut et celles des deux
cotés sont coupées jusqu'à la ligne d'enceinte.

Pierre de Laer.

186. **La famille.** B. 15. — On voit à droite une femme
de profil, assise et filant etc. Ce morceau est ce
que l'artiste a gravé avec le plus de soin. — Epreuve
très belle et très rare.
187. **Les deux cavaliers.** B. 17. — Deux hommes à
cheval, allant au galop vers la droite etc. Première
épreuve superbe et très rare.

Nor.
188. **Le paysage. B. 18.** — Petit morceau légèrement gravé. Sur le devant à gauche s'élèvent deux arbres d'une grandeur égale etc. — Belle première épreuve, très rare, mais doublée.

189. **La femme assise. B. 19.** — Très petit morceau en losange, où est représentée une paysanne assise sur une butte; elle est vue de profil, tournée vers la gauche de l'estampe, et tenant un bâton dans ses mains. — Première épreuve très belle et très rare.

190. **Le cavalier. B. 20.** — Très petit morceau, de forme carrée. On y voit un homme à cheval allant au galop vers la gauche, et tenant son bras étendu vers la droite de l'estampe. — Première épreuve très belle et rare, mais doublée.

J. Jongkheer.

191. **Les quatre levriers. B. 2.** Au milieu de cette estampe un levrier couché et dirigé vers la gauche, se gratte la tête avec la patte gauche de derrière. Devant lui un second chien est accouplé à un troisième. Au milieu, dans un petit éloignement, on en voit un quatrième. Les mots: J. Jonckheer f. sont écrits au bas de la gauche, et le numéro 4 est marqué à droite, au coin et hors de l'estampe. — Epreuve très belle et rare.

Jean van Acken.

192. **Les vues du Rhin, suite de quatre pièces, d'après Saftleven. B. 18 à 21.** — 1) Les paysans en conversation au haut de la colline. 2) l'homme portant le paquet sur le dos. 3) La pêche aux écrevisses. 4) Le repos des voyageurs. — Premières épreuves (avec l'adresse de Clement de Jonghe) superbes et très rares.

Jean Ameloven.

193. Suite de six paysages, gravées d'après ses propres dessins. B. 21 à 26.

André Stokius.

194. Portrait de Lucas de Leyden dans un ovale, au dessous une banderole avec une inscription. Gravé d'après Lucas de Leyden. — Très belle épreuve.

Antoine Watterlo.

195. Le moulin. B. 119. Pièce capitale très rare et superbe.

Theodore van Kessel.

196. Jésus - Christ et la Samaritaine à la fontaine, d'après Carracci. Très belle épreuve. Larg. 12 p. 11 l. haut. 8 p. 9 l.

Barthelemy Breenberg.

197. La femme conduisant un jeune garçon. B. 21. — On remarque à gauche une femme vue par le dos, conduisant un jeune garçon. Elle porte un vase sur la tête et un paquet sous le bras gauche. Vers le fond à droite, un homme mène un âne par la bride. — Belle épreuve et très rare.

198. Le messager empressé. B. 22. — Dans ce morceau qui est le pendant du précédent, on remarque au milieu, sur le devant, un homme avec une épée au côté et un bâton à la main, marchant d'un pas précipité vers un ruisseau qu'on voit en partie à droite, et qui est traversé d'une planche en guise de petit pont. Sur le devant à gauche, un homme est assis sur un tronçon de colonne renversée etc. — Comme la précédente.

H. Naiwjncx.

199. Paysage. B. 9. — Presqu' au milieu de ce morceau s'élevent, à côté l'un de l'autre, deux arbres dont les couronnes remplissent toute la partie supérieure de la planche. — Epreuve très belle et très rare, avec l'adresse de Clement de Jonghe.

A. H. v. Boom.

200. Le hameau. B. 1. — Seconde épreuve très belle.

201. La pièce d'eau. B. 2. — Même qualité.

Herman Swanevelt.

202. L'histoire d'Adonis. Suite de six estampes. B. 101 à 106. — Pièces capitales qu'on ne saurait voir plus belles, elles sont toutes avec Herman

van Swanevelt fecit et excudit cum privilegio Regis 1654. — Très rares.

Aldert van Everdingen.

203. Quatre feuilles. — Le rocher pointu. B. 74. — La
femme regardant la nacelle. B. 75. — La chau-
mière affaissée. B. 76. — La roue sous le toit mo-
bile. B. 77. — Belles épreuves.

Coryn Boel.

204. Sept feuilles, représentant des singes, s'amusant de
différentes manières, gravées d'après Teniers père.
Huber 4. — Belles épreuves anciennes, mais un
peu endommagées.

Wallerant Vaillant.

205. Portrait de Cornelius Sladus, recteur au gym-
nase d'Amsterdam aet. 76. Ao. 1675. — Huber 9. — Très belle épreuve en manière noire,
rare. — Haut. 9 p. 3 l. larg. 7 p. 11 l. La marge
d'en bas 1 p. 6 l.

Jean van den Hecke.

206. Douze différens animaux. B. 1 à 12. — 1)
Titre. 2) Les moutons. 3) Les chêvres. 4) Les
chevaux et les boeufs. 5) Le chien et la chienne.
6) Les deux chiens en repos. 7) Le chien près de
la fontaine. 8) Les chenilles. 9) Les trois vaches.
10) Les vaches en repos. 11) Le cheval de char-
rette. 12) Les ânes. — Epreuves rares et de la
plus grande beauté avant l'adresse au dessous de
l'abreuvoire.

Nicolas Berghem.

207. Le pâtre jouant du flageolet. B. 6. — Très
belle épreuve mais avec le numéro 51 à la marge
d'en bas.

Adrien van Ostade.

208. Les pêcheurs. B. 26. — Epreuve très vigou-
reuse et rare.

Nro.

209. **Le bénédicité. B. 34.** — Seconde épreuve très belle et rare.

Paul Potter.

210. **Le vacher. B. 14.** — Seconde épreuve magnifique et rare.

Pièrre Boel.

211. **La chasse au sanglier. B. 7.** — Epreuve magnifique avant l'adresse, et extrêmement rare, avec 8 lignes de marge.

A. van Boresom.

212. **Les deux vaches. B. 2.** — Epreuve avec l'adresse de **Valk** très belle et très rare.

Jean Fyt.

213. **Les chiens. B. 9 à 16.** — Premières épreuves extraordinairement belles et très rares.

Abraham Blooteling.

214. **Portrait d'un jeune homme au gobelet, dans un ovale,** d'après **Mieris. (Portrait de Mieris.)** — Très belle épreuve en manière noire.

214. a. **Portrait de Michel Adriaensz Ruyter, Ridder St. Admirael over de Provintie van Hollandt en de Westvrieslandt.** Provenant de la collection de **Mariette.** — Epreuve superbe, mais coupée juspu'à la ligne d'enceinte.

Juste van der Nypoort.

215. **La visitation de la sainte famille.** — Très belle épreuve, mais doublée et un peu rognée. — Haut. 6 p. 9 l. larg. 5 pouces.

Corneille van Dalen, le jeune.

216. **Portrait de Jean Polynadre de Kerckhofen.** Très belle épreuve.

217. **Portrait du prince Jacques de Yorik.** — Pièce capitale et très belle.

218. **Les quatre pères de l'église, St. Ambroise, Gregoire, Jérôme et Augustin, demi-figures,** d'après

Nro.

Rubens. — Huber Nro. 4. — Pièce capitale et
rare, d'une beauté extraordinaire. — Haut. 11 p. 9 l.
larg. 10 p. 3 l. La marge d'en bas 1 p. 6 l.

219. Les quatre chanteurs, d'après Giorgione.
Huber Nro. 14. — Epreuve superbe avant la lettre.
Larg. 16 p. 2 l. haut. 11 p. 5 l.

Francois de Neue.

220. Le berger. B. 12. — Très belle épreuve, rare

Jean van Ossenbeck.

221. Le marchand de genièvre. B. 5. — Epreuve
avant le nom, mais doublée sans nécessité.

Jean van der Meer, le jeune.

222. La brebis debout. B. 2. — Pièce capitale, extrêmement rare et magnifique.

Jean Hackaert.

223. Suite de six différens paysages. B. 1 à 6. — 1)
Le bourg. 2) Le chemin serpentant. 3) Le ruisseau étroit. 4) L'arbre incliné. 5) Les quatre arbres. 6) Le rocher baigné par la rivière. — Epreuves magnifiques avec 6 lignes de marge.

Jean Popels.

224. Triomphe de Bacchus, monté sur un âne, gravé
d'après Rubens. Basan 61. — Pièce capitale
rare et magnifique.

Adrien van der Cabel.

225. La femme empressée, dans un très joli paysage.
B. 20. — Très belle épreuve.

Charles Dujardin.

226. L'âne entre deux moutons. B. 32. — Epreuve
de la plus grande beauté quoique avec le numéro.
Pièce capitale, très rare.

Abraham Genoels.

227. L'homme déscendant dans le ruisseau. B. 12. —
La copie du promontoire. B. 16.

Nro.

Abraham Hondius.

228. Le loup et les chiens. — Un loup dans le moment de dévorer sa proie, est attaqué par deux gros chiens, contre lesquels il se défend rudement. — Epreuve très belle et extrêmement rare. Non mentionnée par Bartsch. Larg. 6 p. 9 l. haut. 5 p. 9 lignes.

Pierre van Schuppen.

229. La mère Marie Angelique Arnauld. — Pièce capitale et superbe.

230. La sainte Vierge et l'enfant dans un ovale, adorée par Ste. Catherine, d'après van Dyck. — Epreuve superbe. Le médaillon où devaient se trouver les armoiries, est encore en blanc.

Conrad Waumans.

231. Portrait de Jean Both, d'après Abraham Willars. — Huber Nro. 1. Haut. 5 p. 4 l. larg. 4 p. 3 lignes. — Très belle épreuve.

Simon de Vlieger.

232. La forêt claire. B. 3. — Très bonne épreuve, ce morceau est toujours faible, l'eau-forte n'ayant pas assez mordue. Très rare.

233. Les dindes. B. 18. — Très belle épreuve, mais doublée sans necéssité. Très rare.

Francisque Milet.

234. La fontaine. B. 17. — Epreuve magnifique avec 5 lignes de marge, et l'adresse de Simon. Rare.

Dancker Danckerts.

235. Diane et ses nymphes au bain, surprises par Acteon. Très belle eau-forte, d'après Holstein. Première épreuve superbe. Haut. 14 p. 2 l. larg. 12 p. 5 lignes.

236. Quatre différens paysages avec des animaux, d'après Berghem. Très belles épreuves.

Nro.

Jean Glauber.

237. Beau paysage avec un ruisseau, dans lequel se baignent quatre femmes. B. 16. Très belle épreuve.

238. Paysage dont le lointain offre des fabriques intéressantes, au delà desquelles paraissent des montagnes, qui s'étendent sur toute la largeur de la planche. L'effet d'un vent impétueux se fait remarquer par les branches courbées des arbres, et par les draperies flottantes des figures dont ce paysage est orné. B. 18. — Première épreuve superbe et rare.

Jean Hugtenburgh.

239. Les pilleurs. B. 1. — Gravé en manière noire. Épreuve superbe et pièce capitale très rare.

240. Suite de quatre différens sujets de batailles. B. 31 à 34. — Epreuves extrêmement belles avec l'adresse de van der Meulen.

van Sommer.

241. Jésus-Christ assis et en touré de six Apôtres multiplie les pains et le poisson qu'il reçoit d'un garçon. — Très belle épreuve en manière noire. Haut. 12 p. 6 l. larg. 8 p. l.

N. Verkolje.

242. Le portrait de Verkolje, d'après Schalken. Belle épreuve en manière noire. Haut. 7 p. larg. 5 p. 6 lignes.

243. Le cheval qui pisse, d'après Wouwermann. Larg. 6 p. 3 l. haut. 4 p. 11 l. — La marge d'en bas 4 lignes. — Comme la précédente.

244. L'assemblée champêtre, d'après Weenix. — Pièce capitale très rare et superbe avec tout son lustre et son velour.

Thomas Wyck.

245. La couseuse. B. 3. — Epreuve magnifique, très rare.

246. L'homme ajustant sa chaussure. B. 4. — Epreuve magnifique très rare.

247. Le moulin à eau. B. 20.

Nro.

Louis de Deyster.

248. Agar s'enfuyant. B. 1. — Très belle épreuve rare et ancienne.

Richard van Orley.

249. Deux feuilles. Apollon et les muses dans un jardin sous une treille. — Vue d'une riche partie de jardin avec les amours de Vertumne et de Pomone. Huber 4. — Très belles épreuves.

Jacques Houbraken.

250. Portrait de James Earl of Morton. — Epreuve superbe et pièce capitale.
251. Portrait de Benjamin Johnson. — Comme la précédente.

Robert van Audenaerde.

252. La descente de croix, eau-forte d'après Daniel da Voltèra. Dediée par Audenaerde à Lucae de Somer. — Pièce capitale et magnifique. Haut. 16 p. 8 l. larg. 11 p. La marge d'en bas 1 pouce.

Corneille Du Sart.

253. Le cordonnier renomé (De vermaarde Schoenmaaker). B. 14. — Epreuve très belle, mais à la marge d'en bas, il manque deux lignes.
254. La fête de village. B. 16. — Ce morceau est le plus considérable de l'oeuvre de du Sart. Epreuve de toute beauté, avec toute la marge.
255. La jeunesse 2ême Age; et deux vers français

> La jeunesse assouvit ses plus ardents désirs,
> Cet âge est la saison des amoureux plaisirs,

Un jeune homme paraissant adresser de doux propos à une jeune fille; la scène se passe sous une treille, devant un cabaret; plus loin à droite un paysan embrasse une paysanne. — Dans la marge, Corneille Dusard inv. et fecit J. Gole exc. cum Privil. Amstelod.

256. L'âge viril 3ême âge

> L'homme égalemeur meur et d'esprit et de corps,
> Ne songe qu'à gagner des biens et des trésors.

Un homme d'un air soucieux compte de l'argent, et une femme pèse de l'or; au fond à droite, un

jeune garçon apporte des sacs. — Rigal. 43 et 44.
Epreuves magnifiques en manière noire, très rares.
Ces feuilles non mentionnées par Bartsch, appartien-
nent à une suite de quatre pièces.

Pierre van Gunst.

257. Fredericus Dekkers Medicus Lugd. Bat.
Anno 1694. Act. 47 gravé d'après C. de Moor,
demi-figure dans un ovale avec bordure. Epreuve
superbe.

J. Smees.

258. Suite de cinq différens paysages. B. 1 à 5. —
Epreuves magnifiques et rares.

Jean Melchior Roos.

259. Un boeuf debout, vu de face. — On voit sur le devant à gauche une planche attachée à un pieu en-
foncé de biais. Au bas de la droite est écrit M.
Roos 1685. Seule pièce connue de ce maître, extrêmement rare et superbe épreuve.

Corneille Mattue (Matheus).

260. Le muletier. B. 3. — Sur le devant à gauche
s'élève un bouquet de deux arbres, près duquel un
homme portant un long bâton sur l'épaule, fait mar-
cher trois mulets chargés qui, l'un devant l'autre,
se dirigent vers le fond. Superbe épreuve avec
beaucoup de barbes, extrêmement rare.

Jacques de Frey.

261. Syndics de la halle aux draps. Figures jusqu'
aux genoux; eau-forte d'après le tableau de Rembrandt, placé à l'hôtel de ville d'Amsterdam.
L'an 1661. — Epreuve avant toute lettre, et pièce
capitale d'une beauté unique. Larg. 14 p. 8 l. haut.
11 p. 4 l. La marge d'en bas 1 p. 8 lignes.

Pierre Gerard van Os.

262. Suite de six feuilles, de taureaux de vaches et de
veaux dans des prairies. — 1) Titre. A droite des
vieux murs près desquels repose un veau. 2) Un

Nro.

taureau couché vers la gauche. 3) Une vache debout vers la droite, où l'on voit dans le fond un chariot de foin. 4) Un taureau debout vers la droite. 5) Un taureau avec un licou, broutant vers la droite. 6) Une vache couchée près d'une haie. — Epreuves extraordinairement belles avec 8 lignes de marge, et faites avec beaucoup d'esprit.

J. E. Marcus.

263. Paysage gravé d'après Cats, dedié à S. M. Eugenie reine d'Hollande. Très belle épreuve.

Anonyme.

264. Paysage dans le gout de Ruysdael. Probablement gravé à l'eau-forte par Hendrik Kobell. — Epreuve superbe. Larg. 15 p. 8 l. haut. 11 p. 2 l.

Ecole italienne.

André Mantegna.

Nro.

265. La sépulture. B. Nro. 3. — Le corps mort de
Jésus-Christ porté par deux disciples pour être
mis au tombeau. Ce groupe où l'on remarque aussi
deux saintes femmes qui éxpriment la plus grande
affliction, occupe le côté gauche de l'estampe. A
droite se fait remarquer la Vierge évanouie entre
les bras de deux autres femmes qui la secourent.
Une des estampes les plus parfaites de l'oeuvre de
Mantegna, tant pour le dessin que pour l'expression
et la gravure. — Pièce capitale extrêmement rare,
d'une beauté et d'une conservation incomparable.

Robetta.

266. L'homme attaché à un arbre par l'Amour. B. 25.
— Pièce capitale et rare, de la même beauté et conservée comme la précédente.

Dominique Campagnola.

267. La décollation d'une Sainte. Un roi faisant
décapiter une jeune Sainte. Le roi est assis sur
son trône, entouré d'un grand nombre des gens de
sa cour. La femme prosternée à genoux au milieu
de l'estampe, prie les mains jointes et le regard
tourné vers le roi. — Pièce presque ronde, très
belle épreuve, mais le papier blanc des quatre coins
manque. Pièce capitale et extrêmement rare.

Nro.

Jacques da Barbary (maître au Caducée).

268. Le soleil et la lune. B. 16. — Le soleil sous la
figure d'Apollon debout sur la sphère céleste. Il
tire de l'arc vers la droite. Au bas de ce même
côté, on voit la lune sous la figure de Diane etc.
Epreuve superbe et très rare.

Marc Antoine Raimondi.

269. Un des angles de la galerie de Ghigi. Mer-
cure descendant du ciel, pour cherher Psyché. Il
a le bras gauche tendu et élevé, et tient une tom-
pette de la main droite. Sans marque. B. 343. —
Epreuve d'une beauté sans pareille, mais doublée
d'un papier fumé très mince. Très rare.

Augustin Venitien.

270. La manne. B. 8. — Les Israëlites ramassant la
manne. Moïse est debout à gauche, adressant la
parole aux Israëlites dont deux se prosternent devant lui. Gravé d'après Raphael. — Pièce capitale de la plus grande beauté et d'une conservation parfaite.

271. Les trois saintes femmes allant visiter le
St. Sepulcre. B. 33. — Trois femmes couvertes
de longs manteaux, lesquelles paraissent représenter
les trois Maries allant visiter le tombeau de Jésus-
Christ. Leurs pas sont dirigés vers la gauche.
Cette pièce est du dessin de Michel-Ange. On
en attribue la gravure à Marc-Antoine; mais il
y a plus de vraisemblance à la croire d'Augustin
Venitien. Sans marque. — Epreuve d'une beauté
extraordinaire, mais le papier du fond de l'estampe
est ajouté avec tant d'adresse, et cause une illusion
si complète, qu'on aurait fort bien pu ne pas en
faire la remarque, si l'on ne s'était proposé de dire
la vérité.

Marc de Ravenna.

272. La sainte cène. B. 27. — Répétition du Nro. 26
de la même dimension, gravée d'après Raphael
d'Urbin par Marc Antoine. — Pièce capitale très rare et de la plus grande beauté, mais

Nro.

doublée d'un papier fumé très mince, pour cacher
quelques petites restaurations presque invisibles.

Jules Bonasone.

273. La sainte Vierge assise au pied de la croix, au milieu de deux anfans qui soutiennent le corps mort
de Jésus-Christ. D'après le groupe de sculpture
de Michel-Ange. B. 64. — Très belle épreuve,
mais avec une petite restauration insignifiante au
haut de l'estampe, dont il faut connaitre la place,
pour la distinguer. Rare.

274. Clélie traversant le Tibre, et ramenant à Rome
ses compagnes qui étaient prisonnières dans le camp
de Porsenna. Gravée d'après Polydore de Car-
ravage. B. 83. — Pièce capitale et rare, qu'il est
impossible de voir plus belle.

Baptiste Franco.

275. La religion sous la forme d'uue femme, derrière
laquelle on voit une cigogne; elle console un pauvre
vieillard assis sur un quartier de rocher. B. 58.
— Epreuve superbe, comme sortant de la presse.
Rare.

Nicolas Beatrizet.

276. Les tireurs d'arc. Ce sont des gens qui tirent
au blanc avec des flêches. Gravé d'après Michel-
Ange. Heinecke Vol. II. pag. 279. — Larg.
13 p. haut. 8 p. 9 lignes. Epreuve magnifique et
très rare.

Maître au De.

277. Combat naval. On remarque dans une barque
vers la droite deux hommes nus qui vont aborder un
vaisseau commandé par une femme. Le dé avec la
lettre B. est à la droite d'en bas, gravé d'après un
dessin qui parait être de Jules Romain. B. 78.
— Première épreuve magnifique et pièce capitale,
rare.

Leo Daven.

278. Camille arrivant dans le moment que les Romains
se rachètent du pillage des Gaulois. On le voit

à cheval sur la gauche de l'estampe. Gravé d'après le dessin de quelque disciple du Primatice. B. 13. — Pièce capitale rare et superbe d'épreuve et de conservation.

Ecole de Fontainebleau.

279. Venus et ses nymphes pleurant la mort d'Adonis. Venus se voit debout à droite, ayant les mains jointes. Dans une forme ovale ornée de festons de fruits. Gravé d'après un dessin qui parait être de Lucas Penni. B. 58. — Très belle épreuve et très rare.

Jean Marie Pomedello.

280. Enlêvement de Dejanire. Le centaure Nessus vu par derrière à le dos percé de la flêche d'Hercule. Il tient du bars droit Dejanire, et de la main gauche il cherche à arracher la flêche. — Epreuve très belle et extrêmement rare. Haut. 5 p. 8 l. larg. 3 p. 7 lignes. — Bartsch ne connait que deux feuilles de ce maître, mais Brulliot parle de celle-ci au I Vol. Nro. 3245 de son Dictio naire des monogrammes.

George Ghisi.

281. Cybile remettant entre les mains de deux génies Memmon fils de Titon et de l'Aurore, lequel vient de naître, pendant qu'une des Parques est occupée à allumer le flambeau de la vie. Gravé d'après un tableau du palais du T. par Jules Romain. B. 57. — Larg. 15 p. 8 l. haut. 10 p. 2 lignes. Epreuve de la plus grande beauté, mais doublée d'un papier fumé très mince. Pièce capitale et rare.

Adam Ghisi.

282. Deux Amours montés sur des dauphins, et se dirigeant vers la droite. Gravé d'après Jules Romain. B. 13. — Epreuve superbe et très rare.

François Parmegiano.

282. a. Judith le sabre à la main accompagné de sa servante. B. 1. — Eau-forte très rare, épreuve superbe.

283. La sépulture de Jésus-Christ. — Jésus-
Christ mis au tombeau par ses disciples accompagnés des saintes femmes, au milieu desquelles se voit
la Sainte Vierge évanouie. Un des disciples est
debout à gauche, relevant son manteau de la main
droite, et de l'autre tenant la couronne d'épines.
Cette estampe est une des plus considérables de
l'oeuvre de Parmegiano. B. 5. — Première épreuve
très belle et parfaite de conservation.

Guido Ruggiéri.

284. Un jeune homme porté entre les bras de deux autres
hommes et d'une femme, précédés de joueurs d'in-
strumens, et suivis de deux vieillards, gravé d'après
Primatice. On lit en bas au milieu A. Fonta.
Bleo. Bol. et à droite le chiffre que l'on explique
par Guido Ruggiéri fecit. B. 1. — Pièce capitale et très rare. Très belle épreuve et parfaite de
conservation.

Jacques Caraglio.

285. La pentecôte d'après Raphael. — Le St. Esprit
descendant sur les apôtres assemblés dans le cénacle.
La Vierge est assise au milieu de l'estampe, entre
deux apôtres. Elle tient les mains jointes et élevées, et penche sa tête vers la droite. Derrière
elle sont debout deux saintes femmes. Cinq apôtres sont assis sur un banc à gauche, et cinq autres à droite. Sans aucune marque. Cette estampe
passe pour un ouvrage de Marc Antoine, mais il
est très vraisemblable, qu'elle vient de Caraglio.
B. 6. — Epreuve très rare qu'il est impossible de
voir plus belle. Larg. 14 p. 3 l. haut. 10 p.

Martin Rota.

286. Buste de l'emqereur Rudolphe II, vu de trois
quarts et tourné vers la droite. Il est couronné de
laurier dans un ovale supporté en bas par deux
aigles, et en haut par l'aigle à double tête. On lit
autour de l'ovale: Rudolphas etc. et à la droite
d'en bas: Martinus Rota. B. 95. — Epreuve superbe.

André Meldolla.

287. Une femme accompagnée d'autres femmes et d'un enfant. Non mentionnée par Bartsch. — Haut. 4 p.
4 l. larg. 2 p. 9 lignes. Epreuve très rare, très
belle et parfaite de conservation.

André Andreani.

288. Mutius Scévola, clair - obscure d'après Baltha-
sar Peruzzi. B. 7. — Très belle épreuve, rare.

Horace de Santis.

289. La sainte famille. B. 4. — La sainte Vierge
assise au milieu de St. Joseph et de Ste. Elisabeth, et ayant entre ses bras l'enfant Jésus, à qui
St. Jean Baptiste, à genoux sur le devant à
gauche, présente une croix. — Première épreuve très
belle, avant la fracture du coin droit du bas de la
planche. Pièce capitale très rare.

Augustin Carrache.

290. Saint François en extase, d'après François
Vanni. B. 67. — St. François tombant en extase au son de l'harmonie céleste produite par un
ange qui joue du violon, et qui plane en l'air au
haut de la droite. Le Saint est assis sur un rocher,
tenant des ses deux mains un crucifix qu'il tient appuyé sur son épaule. Une des plus parfaites estampes de ce maître, faite dans le temps de sa plus
grande force. — Epreuve superbe.

Annibal Carrache.

291. Le Christ de Caprarole. B. 4. — Belle épreuve
avec l'adresse de van Aelst.

Barthelemy Coriolano.

292. Sybile assise, ayant un livre ouvert sur ses genoux, clair - obscure d'après le Guide. B. 4. —
Très belle épreuve rare.

François Vanni.

293. Saint François d'Assise méditant sur un crrci-
fix qu'il tient des deux mains. B. Vol. XVII

Nro.

page 198. — Très jolie pièce, très belle d'épreuve
et de conservation. Extrêmement rare.

Odoardo Fialetti.

294. Venus couvrant d'un drap l'Amour qui dort couché
sur une butte. B. 8. de la suite des jeux de
l'Amour. — Pièce très gracieuse et très belle
épreuve.

Guido Reni.

295. La sainte Vierge avec l'enfant Jésus. B. 3.
— La Vierge vue jusqu'aux genoux, tient entre
les bras l'enfant Jésus endormi sur son sein. La
tête de la Vierge est penchée vers la gauche de
l'estampe. — Epreuve très belle et rare.

Raphael Schiaminosi.

296. Sainte Madelaine élevée au ciel par les anges.
D'après Lucas Cangiase. B. 91. — Très belle
épreuve.

François Barbieri Guerchino, de Cento.

297. Saint Antoine de Padoue. B. 1. — Eau-forte
capitale extrêmement rare et épreuve conservée comme
sortant de la presse.

Joseph Ribera.

298. Saint Pierre pleurant son pêché. B. 7. —
Epreuve superbe.

Jean-Baptiste Mercati.

299. Sainte Bibiane refusant de sacrifier aux divinités
payennes. B. 5. — Epreuve de toute beauté, rare.

Angelo Falcone.

300. Le tombeau d'après le Parmesan. B. 13. —
Pièce capitale très rare. Première épreuve très belle
et parfaite de conservation.

Charles Saraceno.

301. Le repos en Egypte. — Première épreuve
avant l'adresse. Pièce capitale et incomparablement

belle. Haut. 11 p. 9 l. larg. 8 p. 5 lignes. La
marge d'en bas a 10 lignes.

Simon Cantarini, dit le Pesarese.

302. La Vierge avec l'enfant Jésus. Bartsch
Nro. 18 du Catalogue du Guide. — La Vierge
assise sur des nuages tient entre ses bras l'enfant
Jésus dans la main droite duquel on voit un chapelet. Dans la partie inférieure des nuages deux têtes
de Chérubins se font apercevoir; l'une est au dessous du pied droit de la Vierge, l'autre à la droite
tout près du bord de la planche.

303. Le grand St. Antoine de Padone. B. Nro. 24
du même Catalogue. — Le Saint, dirigé vers la
gauche, adore à genoux l'enfant Jésus, qui appa-
rait dans une gloire d'anges, et qui, debout sur des
nuages, a les deux mains passées sous le menton du
Saint. — Première épreuve superbe.

André Sirani.

304. Apollon écorchant le Satyre Marsias. Celui-ci est placé à la gauche de l'estampe, d'ou vient
le jour. Il a le genou droit en terre, et la jambe
gauche tendue en avant. Son corps est renversé et
adossé contre une butte à laquelle un de ses bras
tendu est attaché, tandisque l'autre est lié à un
tronc d'arbre. Sa tête exprime une douleur très
vive, et sa bouche ouverte annonce qu'il pousse des
cris. Apollon à genoux devant lui, est placé de
façon, que la jambe gauche de Marsias passe entre
les siennes. Il tient de la main gauche un bout de
la peau du Satyre, qu'il détache de dessous l'ais-
selle avec un couteau. B. Nro. 8 du même Catalogue. — Cette estampe est gravée sur une planche
ovale et a encore tout son papier. Rare.

Elisabeth Sirani.

305. Saint Eustache. Ce Saint magnifiquement habillé
est représenté tombant à genoux devant le crucifix
fixé sur la tête d'un cerf qui parait à droite, au-
dessus d'un rocher couronné de plantes et de quelques arbrisseaux Entre le rocher et le Saint est

un chien de chasse dont on ne voit que la tête et la
poitrine. Le fond est un paysage, dans lequel on
remarque la tête du cheval du Saint, à gauche au-
delà des broussailles. Cette estampe est la plus belle
de l'oeuvre d'Elisabeth Sirani. Nro. 4 du même
catalogue. Pièce capitale et rare.

Jérôme Scarsello.

306. L'Amour debout sur un dauphin. B. 4. —
L'Amour représenté debout sur un dauphin qui vo-
gue sur la mer. Il pose le pied droit sur la tête
du dauphin, et la gauche sur la queue. Il tient de
la main gauche son arc qu'il tend de la droite,
pour en décocher une flèche dans la mer. D'après
Sirani. — Très belle épreuve.

Pierre Testa.

307. L'enfant prodigue, de retour chez son père, se
jette à ses pieds, et en est reçu à bras ouverts.
B. 8. — Très belle épreuve.

Jules Carpioni.

308. La Vierge lisant. B. 5. — Première épreuve avant
l'adresse de Cadorin. Aussi belle qu'il est possible de la voir.

Benedetto Castiglione.

309. Tobie faisant ensévelir les morts. B. 5. —
Très belle épreuve.

310. Le jeune pâtre à cheval, conduisant un troupeau
de moutons au bord d'une rivière. B. 28. — Première épreuve avant l'adresse. Très belle.

Marc San Martino.

311. Le groupe des vieillards. B. 33. — Au milieu
de l'estampe, un vieillard à grande barbe parle à
plusieurs autres vieillards dont le plus avancé est
assis, les autres sont debout. A gauche, une femme,
à genoux près de deux paniers remplis de fruits,
tourne la tête vers les hommes. — D'après Faessly,
c'est Diogène qui cherhe des hommes. Epreuve
superbe et rare.

Nro.

Pierre François Mola.

312. **La sainte Vierge. B. 3.** — Elle est assise, vue de profil et tournée vers la droite. Elle a sur ses genoux l'enfant Jésus qu'elle soutient de la main gauche, pressant de l'autre le lait de sa mamelle qu'elle donne au petit Jésus. Dans un paysage. — Epreuve très belle et très rare.

Charles Maratti.

313. **L'annonciation. B. 2.** — Première épreuve, avant le nom et l'adresse, parfaitement belle.

Jean André Podesta.

314. **La suite des Amours**, rassemblés dans une campagne agréable autour de la statue de Venus. Gravé d'après un tableau peint par le Titien pour le duc de Ferrare. **B. 8.** — Pièce capitale et magnifique.

Luca Giordano.

315. **Sainte Anne. B. 6.** — Ste. Anne reçue dans le ciel par la Ste. Vierge et par Jésus-Christ. La Sainte à genoux à gauche, étend les bras vers la Vierge qui s'approche d'elle, pour lui présenter un scèptre. Plus haut, le Sauveur assis, tient une couronne royale au-dessus de la tête de la Sainte. Ces trois figures se trouvent sur un nuage porté par un grand nombre d'anges. — Pièce capitale en très belle épreuve.

Barthélemy Bisonino.

316. **L'adoration des rois. B. 9.** — Les Mages adorant l'enfant Jésus et lui apportant des présens. On les voit à la droite de l'estampe, suivis de plusieurs de leurs gardes. Epreuve de la plus grande beauté.

Petrus Sanctus Bartolus.

317. **Jupiter élevé par les curettes**, gravé d'après Jules Romain. à Paris chez Surugue. Très belle épreuve.

Joseph Marie Crespi.

318. Le massacre des innocens, composition de beaucoup de figures. B. 4. — Seconde épreuve très
belle de cette pièce capitale.

Jérôme Feroni.

319. Judith coupant la tête à Holoferne. Avec l'inscription: Laudate Dominum, qui interfecit in
manu mea hostem populi sui. — Eau - forte
d'après Maratti. Très belle épreuve.

Jean Baptiste Tiepolo.

320. Le retour de la sainte famille. — Epreuve superbe. Larg. 9 p. 1 l. haut. 6 p. 5 l.

François Londonio.

321. Une villageoise un panier sur la tête, parle à un
petit paysan appuyé sur un âne. — Première épreuve
très belle.

François Bartolozzi.

322. L'enfant Jésus endormi, gravé à l'eau-forte d'après
Sirani. Epreuve superbe extrêmement rare. Larg.
12 p. 9 l. haut. 8 p. 9 lignes. La marge 1 p.
4 lignes.

Charles Antoine Porporati.

323. Une petite fille tenant un petit chien, sujet très gra-
cieux gravé d'après Greuze. — Epreuve superbe.
Haut. 15 p. 5 l. larg. 10 p. 11 l.

Jean Folo.

324. Le pape Pie VII dans un petit rond avec la dedi-
cace au prince Mattei. Gravé d'après Cammuc-
cini. Epreuve superbe.

Joseph Longhi.

325. Borgomastro Olandese. Superbe eau - forte
d'après Rembrandt. Haut. 10 p. 3 l. larg. 7 p.
11 lignes.

Nro.

326. Portrait d'homme à mi-figure, tenant un livre et s'appuyant sur une canne, eau-forte d'après un tableau qui appartient à l'artiste. Comme la précédente. Haut. 10 p. 4 l. larg. 8 p.

Monogrammiste M. G.

327. La chute des géans. — Très belle épreuve rare.

Ecole Française.

Jacques Callot.

Nro.

328. Saint Martin prêchant. Pièce capitale et épreuve superbe. Larg. 10 p. 4 l. haut. 7 p. 2 l.

329. Vita et historia beatae Mariae Virginis, matris Dei etc. Suite complète de quatorze pièces capitales et superbes en 16mo.

Pierre Brebiette.

330. La sainte famille, d'après André del Sarto. Pièce capitale rare extrêmement belle. Haut. 8 p. 6 l. larg. 6 p. 7 l. La marge d'en bas 7 l.

Claude Gelée, dit le Lorrain.

331. Europe enlevée par Jupiter transformé en taureau; à droite sur une pierre Claudio Gille inv. ef. Romae 1634. Catalogue de Rigal Nro. 2. — Epreuve ancienne et magnifique. Pièce capitale très rare.

332. Un pâtre et deux villageoises dansant à l'ombre de grands arbres; à droite, un rustre assis sur un tronc d'arbre, joue de la cornemuse; près de lui des villageois et des jeunes filles. Rigal Nro. 11. — Comme la précédente.

333. Un pâtre conduisant des vaches, des moutons et des chèvres vers les restes d'un ancien monument; dans le fond, à droite, sur une éminence, un château avec une grosse tour ronde; à gauche, dans la marge:

Nro.

Claudius Gellée fecit Romae 1651. Rigal
Nro. 20. — Comme les précédentes, sur papier
d'Inde.

Claude Mellan.

334. Le saint suaire, ou la face de Jésus-Christ
gravé d'une seule taille, laquelle commence sur le bout
du nez. Huber Nro. 22. — Piéce capitale et très
belle épreuve.

Michel A. Corneille.

335. La fuite en Egypte. La sainte famille est prête à
entrer dans une barque, gravé d'après le tableau de ce
maître qni est dans la chapelle des Pénitens blancs
à Lyon. Très belle épreuve.

Laurent de la Hyre.

336. Le Christ mort, couché sur une pierre et pleuré
par deux anges. — Pièce capitale rare, et épreuve
superbe. Larg. 9 p. 6 l. haut. 6 p.

Nicolas Mignard.

337. L'incendie de la ville de Troye. Pendant
qu'Enée sauve son père, on lui enlève Creuse. Pièce
capitale et belle. — Larg. 16 p. haut. 8 p. mi-rond
d'en haut.

Jacques Bellange.

338. Les trois saintes femmes. Huber 8. — Haut-
11 p. 5 l. larg. 7 p. 1 l. La marge avec l'inscription a 7 lignes. Copie trompeuse en contre sens.

Abraham Bosse.

339. Portrait de Callot, avec son épitaphe. Huber
3. Belle épreuve.

Jean Morin.

340. Portrait de Grégoire Tarisse, supèrieur-
général de la congrégation de St. Maur, représenté en habit de son ordre, vu de trois quarts,
tourné vers la droite dans une bordure octogone.

4*

Nro.

Dunstan pinx. Huber Nro. 7. — Epreuve superbe.

341. La sainte Vierge adorant l'enfant Jésus qui est couché sur de la paille, gravé d'après le Titien. Basan 2, et Huber Nro. 12. — Pièce capitale et épreuve magnifique. Haut. 15 p. 3 l. larg. 11 p. 8 l. La marge a 10 lignes.

342. Le paysage au grand arbre, d'après Fouquier. Epreuve superbe et rare, mais avec quelques tâches d'huile, qu'on ne remarque que de l'autre coté. — Haut. 13 p. 7 l. larg. 10 p. 6 l.

Jean Lenfant.

343. Portrait d'après Nanteuil. — Très belle épreuve.

Sebastien Bourdon.

344. Abel tué par Cain, qui s'enfuit. Epreuve superbe et très rare sans l'adresse de l'artiste faubourg Saint Antoine. — Haut. 10 p. 6 l. larg. 7 p. 9 lignes avec 3 lignes de marge.

Jacques Courtois, dit le Bourgignon.

345. Grand combat de cavallerie. Huber 2. — Pièce capitale très rare et d'une beauté extraordinaire. Larg. 12 p. 3 l. haut. 8 p.

Jean Pesne.

346. Portrait décoré de Nicolas Poussin, gravé d'après Poussin. Huber 1. — Pièce capitale rare, et très belle épreuve.

Gerard Edelinck.

347. Portrait de Philippe de Champagne, figure à mi-corps tenant un rouleau de la main droite, gravé d'après Champagne. Très belle épreuve.

348. La sainte Vierge au linge. Elle relève un voile, pour montrer au petit St. Jean l'enfant Jésus qui dort, gravé d'après Raphael. Huber 3. — Pièce capitale très rare et superbe.

348. a. Portrait d'homme d'après Rigaud. — Epreuve superbe avant la lettre.

Nro.

François Poilly.

349. Portrait d'homme. Epreuve superbe avant la lettre avec 1 pouce de marge.

Antoine Coypel.

350. Democrite, figure à mi-corps. A. Coypel pinxit incidit et excudit 1692. Huber 2. — Très belle épreuve. Haut. 8 p. larg. 6 p. 9 l.

Robert Nanteuil.

351. Antoine Barrillon de Morengis mansy etc. — Très belle épreuve inconnue à Huber.
352. Jean Baptiste van Steenberghen, dit l'avocat d'hollande, gravé d'après Duchastel. Huber 77. — Pièce capitale très rare avant les vers, et très belle.

Jean Audran.

353. Antoine Coyzevox, Sculpteur ordinaire du Roi; gravé d'après Rigand pour sa réception à l'académie. Huber 13. — Très belle épreuve.

Bernard Picart.

354. Le massacre des innocens. Huber 1. — Pièce capitale rare et très belle. — Larg. 11 p. haut. 8 p. 7 lignes.

Nicolas Pitau.

355. Portrait d'Henri Louis Habert de Montmor. Huber 7. — Gravé d'après Ph. de Champagne. Pièce capitale et superbe.

Antoine Masson.

356. Portrait de Guillaume de Brisacier, Secrétaire des Commendemens de la Reine. Huber 14. Gravé d'après N. Mignard. Pièce capitale rare et superbe.

Pierre Drevet, fils.

357. Portrait d'Adrienne le Couvreur dans le rôle de Cornelie, morte à Paris le 20 mars 1730, agée

de trente sept ans. **Huber 5.** Gravé d'après Coypel. — Epreuve magnifique et pièce capitale, avec agé au lieu d'agée.

Robert de Sery.

358. Loth et ses filles. — Belle épreuve, rare. Haut. 5 p. larg. 4 p. 1 l.

359. Une Nymphe dormant, surprise par un Satyre. Belle épreuve, rare. Larg. 5 p. 5 l. haut. 3 p. 8 l.

François Chéreau.

360. Portrait de Charles Nicolas Taffourreau de Fontaine, Evêque d'Embrun. **Huber 3.** Gravé d'après Rigaud le jeune. Epreuve magnifique avec 18 lignes de marge.

Jean du Vivier.

361. La tentation de Saint Antoine, d'après Antoine de Heuvel. **Huber 5.** — Très belle eau-forte très rare. Haut. 11 p. 9 l. larg. 9 p. 3 lignes.

Jean Daullé.

362. Portrait de Catherine Mignard, Comtesse de Feuquiere. **Huber 1.** Gravé d'après P. Mignard. Epreuve magnifique.

Quentin Pierre Chedel.

363. Paysage, gravé à l'eau-forte d'après Teniers. **Huber 14.** Très belle épreuve. Haut. 8 p. 11 lignes larg. 12 p. 11 lignes.

Antoine de Marcenay de Ghuy.

364. Paysage au clair de lune, sur le devant une grande voûte de rochers; d'après Vernet. Larg. 10 p. 3 l. haut. 7 p. 11 l. Epreuve superbe.

Jean Jacques do Boissieu.

365. Ancienne porte de Vaize à Lyon. **J. J. D. B.** 1803. — Epreuve extraordinairement belle. Larg. 13 pouces, 3 lignes. haut. 9 pouces sans compter la marge.

Nro.

366. Les deux garçons faisant des boules de sa-
vo n. — Pièce capitale. Comme la précédente.
Larg. 14 p. haut. 10 pouces. La marge 1 p.
10 lignes.

Le Veau.

367. La blanchisseuse flamande, gravé d'après Wouwerman. Epreuve superbe.

Dominique Vivant Denon.

368. Les lions, d'après Quadal. — Eau-forte capitale
et rare. Epreuve magnifique.

Blot.

369. Portrait de van Dyck dans un médaillon, gravé
d'après van Dyck. Très belle épreuve. Haut. 9 p.
11 l. larg. 7 p. 4 ligues.

Audouin.

370. Portrait de Napoléon dans un ovale avec des em-
blêmes, gravé d'après Chattillon. — Epreuve superbe mais sans marge.

Potrelle.

371. Portrait de Jules Romain, gravé d'après Jules Romain. Epreuve superbe. Haut. 8 p.
9 lignes larg. 6 p. 5 lignes avec 2 p. 11 lignes de
marge.

Marais.

372. Monument allegorique, à la gloire de Pierre
Leopold Joseph, souverain cheri, sage legis-
lateur de la Toscane, protecteur éclairé
des sciences et des arts, digne possesseur
de la gallerie celèbre qu'il ne cesse d'em-
bellir. — Gravé d'après un dessein de Moitte.
Epreuve superbe. Haut. 12 p. 4 lignes, larg. 8 p.
10 lignes.

Duret.

373. Premièr clair de lune, gravé d'après van der
Neer. Bonne épreuve.

Nro.

Le cerf.

374. Henri quatre et ses enfans. Bustes de
Henri IV, de Louis XIII, de Louis XIV, de
Louis XV, de Louis XVI, de Louis Dauphin
et de Louis XVIII, dans une gloire, d'après
un dessein de Chasselet 1814. — Epreuve superbe.

Ecole anglaise.

John Smith.

Nro.

375. Diane au bain aves ses nymphes, surprises par Acteon; gravé en manière noire d'après P. Berchet. Epreuve superbe. Larg. 12 p. 10 l. haut. 9 p. 4 lignes avec 9 lignes de marge.

376. La sainte famille entourée d'anges qui adorent l'enfant Jésus, d'après Charles Maratti. Huber 47. Comme la précédente. Haut. 15 p. 4 l. larg. 11 p. 7 lignes, la marge d'en bas a 10 lignes.

Thomas Worlidge.

377. Portrait d'homme en chapeau rond, orné de plumes. Epreuve superbe. Haut. 6 p. 10 l. larg. 5 pouces. Huber Nro. 7.

378. Susanne surprise au bain. Très belle épreuve extrêmement rare. Non mentionnée par Huber.

Robert Strange.

379. Le retour du marché, gravé d'après Wouwerman. Très belle épreuve. Huber Nro. 40.

Richard Earlom.

380. Love in bandage, gravé en manière noire d'après le Guide. Pièce ovale en hauteur, épreuve superbe et rare.

Capitaine Guillaume Baillie.

381. William Prince of Orange Father of King William the Third, d'après Terburg. Le prince est à che-

val accompagné d'un seigneur et d'un chien. Première épreuve très rare et très belle avec quatre
lignes de marge.

Philippe Corbutt.

392. The amorous hollander. Une jeune paysanne
se tenant debout et vue de face, est le saisie à bras-
corps par un rustre dans une attitude courbée;
gravé en manière noire d'après Ostade. Epreuve
magnifique avec tout son lustre et son velour. Haut.
13 p. larg. 10 p. 6 lignes. La marge à 18 lignes.

Thomas Burke.

383. Cupid binding Aglaia to a laurel. Gravé d'a-
près Angelique Kauffman, composition tirée du
Metastase. Ovale en large et imprimé en rouge.
Epreuve superbe. Huber 6.

Holloway.

384. Vignette allégorique, gravée d'après Smirke en 1796.
— Epreuve superbe et rare.

Robinsum.

385. Des poissons, gravés en manière noire dans le
genre d'Earlom. Epreuve superbe et rare. Haut.
8 p. 3 lignes larg. 6 p. 6 lignes.

A p e n d i c e.

A la dernière vente que j'ai faite, chaque lot était marqué dans le catalogue du prix de la mise en vente, ce qui a été d'un bon effet pour les amateurs étrangers, ils ont eu par cette indication la facilité de fixer leurs limites avec plus de sureté, pouvant ainsi juger de la qualité et de la rareté des pièces selon le prix de la mise en vente; desorte qu'ils ont pu avec plus de vraisemblance obtenir leurs commissions; et c'est ce que le resultat a prouvé.

J'ai donc cru devoir continuer cette methode, en ajoutant à chapue Numèro du cataloque le prix de la mise en vente,

S a v o i r.

Nro.	fl.	k.	Nro.	fl.	k.
1. Mart. Schongauer	30	—	18. BarthélemyBeham	4	—
2. „ „	27	—	19. „ „	4	—
3. „ „	27	—	20. Jean Seb. Beham	2	24
4. Iraëel de Mecken	16	30	21. „ „ „	2	24
5. Martin Zasinger .	12	—	22. „ „ „	3	—
6. „ „	15	—	23. „ „ „	2	42
7. Mayer de Lands-			24. „ „ „	2	42
hut	2	—	25. „ „ „	18	—
8. Albert Durer . .	15	—	26. HenriAltdegrever	10	—
9. „ „ . . .	15	—	27. „ „	8	6
10. „ „ . . .	44	—	28. „ „	9	—
11. „ „ . . .	30	—	29. Maître J. B. . . .	2	42
12. „ „ . . .	6	—	30. Jacques Bink . .	2	30
13. „ „ . . .	4	—	31. Jean Brosamer .	—	48
14. Lucas Cranach .	7	—	32. Auguste Hirsch-		
15. Louis Krug . . .	4	—	vogel	2	—
16. Albert Altdorfer .	1	36	33. Jean Sebald Lau-		
17. George Pencs . .	4	—	tensack	10	—

Nro.	fl.	k.	Nro.	fl.	k.
34. Virgile Solis . . .	4	48	71. Jean André Noth-nagel	—	30
35. Daniel Hopfer . .	1	30	72. Jean Fr. Bause .	1	—
36. Melchior Lorch .	5	—	73. JeanGothard Mul-ler	2	—
37. Theodore de Bry	3	36			
38. Jose Amman . . .	4	—	74. Jean Mechau . .	—	30
39. Barthélemy Reu-ter	8	6	75. Ch. Ernest Hess	3	36
40. Pierre Weinher .	5	—	76. ,, ,, ,,	2	42
41. Melchior Mayer .	4	—	77. Ignace Klauber .	1	—
42. Jean Schummer .	5	24	78. Maurice Plonsky	—	48
43. Wenceslas Hollar	5	—	79. Adam de Bartsch	—	48
44. ,, ,,	2	42	80. ,, ,, ,,	1	—
45. ,, ,,	6	—	81. Alb. Christ. Dies	—	30
46. ,, ,,	16	30	82. ,, ,, ,,	—	30
47. ,, ,,	21	36	83. Jean Pichler . . .	1	—
48. ,, ,,	12	—	84. Jean Guil. Kolbe	1	12
49. ,, ,,	1	48	85. ,, ,, ,,	1	48
50. ,, ,,	2	—	86. Jacques Gauer-mann	2	—
50. a. J. Henri Roos	6	—			
50. b. ,, ,, ,,	6	—	87. Koch	8	—
51. Guillaume Stoer.	2	42	88. Charles Agricola	2	—
52. Michel Willman .	2	42	89. ,, ,,	2	—
53. Barthélemy Kilian	—	20	90. Charles Frommel	—	48
54. Elie Heinzelmann	—	20	91. ,, ,,	—	48
55. Felix Meyer . . .	—	40	92. Ch. Henri Rahl .	3	36
56. Joachim François Beich	—	20	93. Dominique Quag-lio	1	—
57. George Philippe Rugendas	3	—	94. Amsler	1	—
58. Martin Elie Ri-dinger	4	—	95. Anonyme	5	24
			96. ,, ...	3	—
59. Ant. Jos. Prenner	—	48	97. ,, ...	2	—
60. ,, ,, ,,	—	20	98. ,, ...	—	30
61. ,, ,, ,,	—	12	99. ,, ...	—	30
62. Jacq. Schmutzer	3	—	100. ,, ...	3	30
63. Joseph Wagner .	—	30	101. ,, ...	2	30
64. Guillaume Ernest Dietrich	4	30	102. Lucas de Leyden	90	—
			103. ,, ,, ,,	27	—
65. ,, ,,	—	54	104. Thiery v. Star .	7	—
66. George Frederic Schmidt	2	42	105. Corneille Matsys	5	—
			106. Pierre Breughel	8	6
67. ,, ,,	4	—	107. Lambert Suavius	10	—
68. George Wille . .	4	30	108. Adrien Collaert .	2	—
69. ,, ,, . .	4	30	109. Corneille Galle .	3	30
70. Dan. Chodowiecki	1	—	110. Pierre de Jode .	2	42
			111. Jean Sadeler . .	4	—

Nro.	fl.	k.	Nro.	fl.	k.
112. Jean Sadeler	2	—	154. Corneille Vischer	10	48
113. Gilles Sadeler	10	48	155. „ „	8	6
114. Henri Goltzius	5	24	156. Jean Vischer	2	—
115. „ „	3	—	157. „ „	6	—
116. „ „	10	48	158. Pierre Quast	3	30
117. „ „	13	30	159. Jean Witdouck	8	6
118. Warnart van Val-kert	8	6	160. Pierre Clowoet	4	—
119. Corn. van Sichem	2	22	161. Paul Rembrandt	16	30
120. de Gheyn	2	—	162. „ „	21	36
121. Theodor Matham	5	24	163. „ „	88	—
122. Jenn Saenredam	10	48	164. „ „	12	—
123. Pierre Serwouter	16	12	165. „ „	27	—
124. Guillaume Swa-neburg	5	—	166. „ „	10	48
125. Henri Hondius	2	42	167. Jean Livens	16	—
126. P. P. Rubens	5	24	168. Albert Cuyp	12	—
127. Luc. Vorsterman	5	—	169. Erasme Guelinus	8	6
128. „ „	10	48	170. Salomon Koninck	4	—
129. Schelte a Bols-wert	8	—	171. „ „	5	24
130. Paul Pontius	13	30	172. P. v. H.	2	42
131. „ „	5	24	173. Herman Saftleven	21	36
132. Pierre Lastmann	3	—	174. „ „	10	48
133. Henri Goudt	10	48	175. Jean George v. Vliet	16	12
134. Corneille Schutt	2	—	176. Ferdinand Bol	10	—
135. Lucas van Uden	10	—	177. „ „	8	6
136. Roland Roghman	1	—	178. Thiery Stoop	8	—
137. „ „	1	—	179. Jacques van der Does	33	—
138. Jean van de Velde	4	—	180. Corneille Bega	3	—
139. „ „ „ „	4	30	181. „ „	4	30
140. Adrien v. de Velde	15	—	182. Jean Both	27	—
141. Antoine van Dyck	10	—	183. „ „	27	—
142. Jean Miele	7	—	184. Marc de Bye	6	—
143. „ „	7	—	185. Renier Zeeman	22	—
144. Rodermundt	—	48	186. Pierre de Laer	4	—
145. Jonas Suyderhoef	10	48	187. „ „ „	2	—
146. „ „	18	—	188. „ „ „	1	30
147. Guill. de Leeuw	3	36	189. „ „ „	1	—
148. Pierre Molyn	12	—	190. „ „ „	1	30
149. Albert Flamen	13	30	191. Je. Jongkheer	2	42
150. „ „	3	30	192. Jean van Acken	10	48
151. Gaspard Blecker	12	—	193. Jean Almeloven	1	—
152. „ „	12	—	194. André Stockius	1	30
153. Corneille Vischer	30	—	195. Antoine Waterlo	10	48
			196. Theod. v. Kessel	—	20

Nro	fl.	k.	Nro	fl.	k.
197. Barth. Breenberg	5	—	235. Danker Dankerts	1	48
198. „ „	7	—	236. „ „	1	24
199. H. Nawjnes . . .	4	—	237. Jean Klauber . .	1	12
200. A. H. v. Boom .	—	48	238. „ „	1	30
201. „ „ „ „	—	48	239. Jean Hugtenburgh	10	—
202. Herm. Swanefeld	36	—	240. „ „	6	—
203. Aldorf van Ever-dingen	2	—	241. van Sommer . . .	1	—
204. Coryn Boel . . .	4	—	242. N. Verkolje . . .	—	48
205. Wallerant Vail-lant	2	30	243. „ „ . . .	4	—
206. Jean v. d. Hecke	30	—	244. „ „ . . .	22	—
207. Nicolas Berghem	4	—	245. Thomas Wyk . .	4	—
208. Adrian v. Ostade	1	30	246. „ „ . .	4	—
209. „ „ „	1	30	247. „ „ . .	10	—
210. Paul Potter . . .	8	—	248. Louis Deyster . .	1	—
211. Pierre Boel . . .	13	30	249. Richard van Orley	3	—
212. A. van Boresom	2	42	250. Jean Houbraken .	1	30
213. Jean Fyt	55	—	251. „ „ .	1	30
214. Abrah. Bloteling	—	54	252. Robert van Au-denaerde	—	30
214. a „ „	1	48	253. Corneille Du Sarf	2	30
215. Juste van der Ny-poort	1	—	254. „ „ „	5	24
216. Corneille v. Dalen	2	42	255. „ „ „	7	—
217. „ „ „	2	42	256. „ „ „	7	—
218. „ „ „	5	24	257. Pierre van Gunst	—	36
219. „ „ „	5	24	258. J. Smees	16	30
220. François de Neue	2	—	259. Jean Melch. Roos	21	36
221. Jean van Ossen-beck	1	36	260. Corneille Mattue	8	6
222. Jean van der Meer	10	—	261. Jacques de Frey	21	36
223. Jean Hackert . .	55	—	262. Pierre Gerard v. Os	6	30
224. Jean Popels . . .	3	—	263. J. E. Marcus . .	—	18
225. Adrien van der Cabel	—	24	264. Anonyme	8	6
226. Charles Dujardin	2	—	265. André Mantegna	180	—
227. Abraham Genoels	—	24	266. Robetta.	50	—
228. Abraham Hondius	6	—	267. Dominique Cam-pagnola.	22	—
229. Pierre van Schup-pen	4	—	268. Jacques da Bar-bary	22	—
230. „ „ „	6	—	269. Marc Antoine Rai-mondi	60	—
231. Conrad Waumans	—	12	270. Augustin Venitien	22	—
232. Simon de Vlieger	4	—	271. „ „	27	—
233. „ „ „	3	36	272. Mar de Ravenna	48	—
234. Francisque Milet	1	20	273. Jules Bonasone .	30	—
			274. „ „	30	—

Nro.	fl.	k.
275. Baptiste Franco	16	12
276. Nicolas Beatrize	5	—
277. Maître au Dé	40	—
278. Leo Davent	40	—
279. Ecole de Fontainebleau	10	—
280. Jean Marie Pomedello	18	—
281. George Ghisi	25	—
282. Adam Ghisi	4	—
282. a. François Parmegiano	12	—
283. „ „	13	30
284. Guido Ruggieri	20	—
285. Jacques Caraglio	50	—
286. Martin Rotta	3	—
287. André Meldolla	9	—
288. André Andreani	1	30
289. Horace de Santis	10	—
290. August. Carrache	3	—
291. Annibal Carrache	2	24
292. Barthelemy Coriolano	2	—
293. François Vanni	3	—
294. Odoardo Fialetti	4	—
295. Guido Reni	2	—
296. Raphael Schiaminosi	5	—
297. François Barbieri Querch. da Cento	2	—
298. Joseph Ribera	3	—
299. Jean Baptiste Mercati	4	—
300. Angelo Falgone	15	
301. Charles Saraceno	3	30
302. Simon Cantarini	3	—
303. „ „	5	—
304. André Sirani	2	—
305. Elisabethe Sirani	1	30
306. Jerôme Scarcello	1	36
307. Pierre Testa	—	30
308. Jules Carpioni	2	48
309. Benedetto Castiglione	2	—
310. „ „	3	—
311. Mar San Martino	6	—
312. Pierre François Mola	6	—
313. Charles Maratti	—	24
314. Jean André Podesta	3	—
315. Luca Giordano	3	30
316. Barthélemy Biscaine	2	—
317. Pet. Sanctus Bartolus	—	24
318. Jos. Marie Crespi	5	—
319. Jerôme Feroni	—	24
320. Jean Baptiste Tiepolo	2	—
321. Franç. Londonio	1	48
322. Franç. Bartolozzi	4	—
323. Charles Antoine Porporati	5	24
324. Jean Folo	—	40
325. Joseph Longhi	3	—
326. „ „	3	—
327. Monogrammiste	2	—
328. Jacques Callot	1	30
329. „ „	4	—
330. Pierre Brebiette	1	48
331. Claude Gelée	21	36
332. „ „	18	—
333. „ „	10	—
334. Claude Melan	1	48
335. Michel Corneille	—	18
336. Laur. de la Hyre	3	36
337. Nicolas Mignard	4	—
338. Jacques Bellange	—	30
339. Abraham Bosse	—	15
340. Jean Morin	1	48
341. „ „	2	42
342. „ „	2	—
343. Jean Lenfant	1	—
344. Sebast. Bourdon	2	—
345. Jacques Courtois	3	—
346. Jean Pesne	—	24
347. Gerard Edelinck	1	—
348 „ „	5	—
348. a. „ „	1	—

Nro.	fl.	k.	Nro.	fl.	k.
349. François Poilly .	2	—	367. Le Veau	—	24
350. Antoine Coypel .	1	—	368. De Non	3	—
351. Robert Nanteuil .	2	—	369. Blot	—	20
352. „ „	16	30	370. Andoin	—	30
353. Jean Audran . .	—	48	371. Potrelle	4	—
354. Bernard Picart .	—	20	372. Marais	—	12
355. Nicolas Pittau . .	1	48	373. Duret.	—	20
356. Antoine Masson .	2	—	374. Le Cerf	—	20
357. Pierre Drevet . .	5	24	375. John Smith . . .	6	—
358. Robert de Sery .	—	36	376. „ „	6	—
359. „ „	1	48	377. Thomas Worlidge	—	48
360. François Cherau .	2	24	378. „ „	—	24
361. Jean du Vivier .	—	24	379. Robert Strange .	1	12
362. Jean Daullé . . .	4	—	380. Richard Earlom .	3	—
363. Quintin Chedel .	—	18	381. Capitaine Baillie	3	—
364. Antoine de Marcenay	2	24	382. Philippe Corbutt	13	30
			383. Thomas Burke .	2	—
365. Jean Jacques de Boissieu	4	—	384. Holloway. . . .	—	40
			385. Robinsum . . .	1	12
366. „ „	5	—